영광의 소망 예수 그리스도

영광의 소망 예수 그리스도

이영훈 지음

초판 1쇄 발행 2010년 4월 30일
초판 3쇄 발행 2010년 11월 5일

발행처 서울말씀사
편집인 임형근
등 록 제11-105호

서울 강서구 가양동 1487 가양테크노타운 306
Tel. 02-846-9222
Fax. 02-846-9225
http://www.slogos.co.kr

❖ 잘못 만들어진 책은 바꾸어 드립니다.

영광의 소망
예수 그리스도
JESUS CHRIST, THE HOPE OF GLORY

이영훈 지음

서울말씀사

머리말
Foreword

　골로새서는 사도 바울이 옥중에서 골로새 교회 성도들에게 보낸 편지로서 '교회의 머리 되신 예수 그리스도'에 대해 말하고 있습니다. 특별히 예수 그리스도의 우월성과 신성에 대해 언급하면서 이단 사상을 경계하고 성도들이 어떻게 하나님의 뜻 가운데 거룩한 삶을 살아갈 수 있는지에 대해서 가르치고 있습니다. 이러한 까닭에 골로새서는 이단과 사설들이 사람들을 미혹하는 오늘날과 같은 말세에 교회와 성도들에게 귀중한 지침이 되고 있습니다.

　복음을 전한다는 것은 하나님의 비밀이자 영광의 소망이신 예수 그리스도를 세상에 전하는 것입니다. 하나님께서 만세와 만대 전에 예비해 놓으신 구원과 영생의 길이 바로 예수님이십니다. 하나님께서는 우리를 통해 오직 예수님만이 구원의 길이 되심을 사람들에게 전파하기를 원하십니다.

본 교회에서는 풍성한 하나님의 기적을 사모하며 '열두 광주리 특별새벽기도회'를 개최하였습니다. 그 결과 하나님께서 크게 은혜를 부어 주셔서 성도님들이 말씀 안에서 새롭게 변화되는 체험을 하게 되었습니다.

금번에 성도님들의 신앙 성장에 조금이라도 도움을 드리고자 새벽기도회 때 전한 말씀을 정리하여 책으로 출판하게 되었습니다. 본 서를 통해 어둠을 물리치고 새벽을 기도로 깨우는 영성의 소유자가 되어 주님의 자녀로서 성령의 열매를 맺고 성령께서 공급하시는 힘을 받아 능력 있는 삶을 살게 되시기를 기원합니다.

바라기는 이 책이 하나님의 말씀을 사모하는 성도 여러분에게 믿음의 촉진제가 되기를 원합니다. 귀한 추천의 말씀을 써 주신 존경하는 조용기 목사님과 출판을 위해 수고해 주신 국제신학연구원 식구들과 서울말씀사에 감사드립니다. 본 서를 통해 영광의 소망 되신 예수 그리스도를 바라보고 날마다 승리하게 되시기를 바랍니다.

2010년 4월
여의도순복음교회
담임목사 이영훈

추천사
Recommendation

　이영훈 목사님이 저의 후임으로 우리 교회 성도님들을 섬기기 시작하면서부터 시작한 '열두 광주리 특별새벽기도회'가 그 횟수를 거듭할수록 열기가 점점 더 뜨거워져 가고 있는 것을 매우 기쁘게 생각합니다.

　이번 '열두 광주리 특별새벽기도회' 때 이 목사님이 설교한 골로새서는 초대 교회 당시 골로새에서 일어나고 있는 이단을 경계하기 위해 골로새 교회에 보낸 바울의 서신입니다. 사도 바울이 이 서신을 기록할 당시 골로새 교회에는 여러 가지 형태의 이단이 만연하고 있었습니다. 그들은 예수 그리스도의 가르침을 왜곡시킬 뿐만 아니라 이방의 문화와 이교(異敎)적인 미신을 가미하여 교회를 어지럽히고 그리스도인들을 잘못된 신앙으로 이끌었습니다. 이러한 거짓된 가르침으로 인하여 골로새 교회가 흔들리게 되었기 때문에 바울은 교회의 참된 진리를 수호하고 성도들을 진리 가운데 굳게 세우기 위하여 골로새 교회 성도들에게 편지를 보냈던 것입니다.

오늘날 우리 한국 교회 주변에도 여러 가지 이단과 사설이 난무하고 있는 실정입니다. 그렇기 때문에 '한국복음화협의회'에서는 지난 2010년 3월 10일에 새 학기를 맞은 대학가에 이단 경계주의보를 발령하기도 하였습니다. 따라서 이번에 출간하는 이 목사님의 골로새서 강해집 〈영광의 소망 예수 그리스도〉는 매우 시의 적절하며 그 의미도 깊다고 할 수 있습니다.

본 서를 통해 진리 위에 더욱더 굳건히 서서 예수 그리스도의 충만하심을 풍성히 누리시기를 바랍니다. 아울러 이 목사님에게도 우리 주 예수 그리스도의 은혜와 성령의 역사하심이 더욱 넘쳐 나서 우리 교회뿐만 아니라 우리 민족과 열방에 영광의 소망이신 예수 그리스도를 널리 증거하는 귀한 종이 되시기를 간절히 축원합니다.

2010년 4월
여의도순복음교회
원로목사 조용기

차례
Contents

머리말
추천사

첫 번째 광주리 | 13
은혜와 평강
1. 그리스도 예수의 사도 된 바울
2. 은혜와 평강을 기원함

두 번째 광주리 | 31
감사할 것이 많은 신앙생활
1. 그리스도 예수 안에서의 믿음
2. 모든 성도에 대한 사랑
3. 하늘에 쌓아 둔 소망
4. 열매 맺는 삶
5. 하나님이 세우신 지도자 에바브라

세 번째 광주리 | 51
주님께서 인정하시는 삶
1. 하나님의 뜻을 깨달아 알게 하옵소서
2. 주께 합당히 행하는 사람이 되게 하소서
3. 모든 능력으로 능하게 하소서
4. 성도의 기업을 얻기에 합당하게 하소서

네 번째 광주리 | 77
만물의 으뜸 되신 예수 그리스도
1. 하나님의 형상
2. 만물보다 먼저 나신 자
3. 모든 만물의 창조자
4. 교회의 머리
5. 만물의 으뜸
6. 그의 안에서 하나님의 충만하심이 함께하심
7. 하나님과의 화목제물

다섯 번째 광주리 | 105
영광의 소망 되신 그리스도
1. 그리스도를 위해 받는 고난
2. 하나님의 비밀, 영광의 소망이신 예수 그리스도
3. 우리의 사명

여섯 번째 광주리 | 129
굳센 믿음의 삶
1. 하나님의 비밀인 그리스도
2. 굳센 믿음의 삶

일곱 번째 광주리 | 153
그리스도인의 충만한 삶
1. 거짓 가르침을 경계하라
2. 하나님의 충만하심이 그리스도에게 함께함
3. 모든 통치자와 권세의 머리 되신 그리스도
4. 그리스도 안에서 그리스도인의 충만함
5. 모든 것의 중심이 되신 예수 그리스도

여덟 번째 광주리 | 179
위의 것을 찾으라
1. 위의 것(하늘의 축복, 영적 축복)을 찾으라
2. 우리의 영적 위치
3. 새 사람을 입으라

아홉 번째 광주리 | 205
그리스도인의 축복된 삶
1. 하나님께서 택하신 거룩하고 사랑받는 자의 모습
2. 긍휼, 자비, 겸손, 온유, 오래 참음의 옷을 입음
3. 서로 용서함
4. 사랑을 옷 입음
5. 그리스도의 평강이 마음을 주장함
6. 말씀 충만의 삶
7. 찬양과 감사의 삶

열 번째 광주리 | 229
그리스도인의 축복된 대인 관계
1. 가정에서의 삶
2. 직장에서의 삶

열한 번째 광주리 | 253
기도와 권면
1. 기도의 요청
2. 권면

열두 번째 광주리 | 273
하나님의 일꾼들
1. 하나님의 일꾼들
2. 축복 기도

하나님의 뜻으로 말미암아 그리스도 예수의 사도 된
바울과 형제 디모데는
골 1:1

1

*Jesus Christ,
the hope of glory*

첫 번째 광주리

은혜와 평강

골 1:1-2
COLOSSIANS

하나님의 뜻으로 말미암아 그리스도 예수의 사도 된 바울과 형제 디모데는 골로새에 있는 성도들 곧 그리스도 안에서 신실한 형제들에게 편지하노니 우리 아버지 하나님으로부터 은혜와 평강이 너희에게 있을지어다

골로새서는 사도 바울이 A.D. 62년에서 63년경 소아시아에 있는 골로새 교회에 보낸 편지입니다. 본 서는 그가 로마의 감옥에서 기록한 책이기에 에베소서, 빌립보서, 빌레몬서와 함께 '옥중서신'으로 불립니다. 그 중에서도 골로새서와 에베소서는 많은 부분에서 같은 내용을 담고 있기 때문에 '쌍둥이 서신'으로 불립니다. 에베소서가 '예수 그리스도의 몸 된 교회'에 대해 말하고 있다면, 골로새서는 '교회의 머리 되신 예수 그리스도'에 대해 말하고 있습니다. 특별히 골로새서는 예수 그리스도의 우월성과 신성에 대해 언급하면서 이단 사상을 경계할 것과 성도들이 어떻게 해야 하나님의 뜻 가운데 거룩한 삶을 살아갈 수 있는지에 대해 말하고 있습니다.

골로새 교회는 '에바브라'에 의해 세워졌습니다. 사도 바울은 3차 선교 여행을 할 때 에베소에서 3년 동안 말씀을 전했습니다. 에바브라는 그때 바울로부터 복음을 듣고 은혜를 받았습니다. 그 후 골로새에 내려가서 자신이 들은 복음을 전하고 교회를 세웠는데, 이것이 골로새 교회입니다. 대개의 경우는 사도 바울이 한 지역에 가서 말씀을 전한 뒤 그곳에서 믿는 사람들이 생겨나면 교회의 지도자를 세워 교회를 개척했습니다. 그런데 골로새 교회는 사도 바울이 직접 가서 개척한 교회가 아니라 그의 말씀에 은혜를 받은 사람이 가서 개척한 교회입니다. 간접 개척인 셈입니다.

우리 역시 은혜를 받으면 우리가 가는 곳마다 복음을 증거해야 합니다. 나 혼자 은혜 받은 것으로, 나 혼자 축복받은 것으로 끝나면 안 됩니다. 받은 은혜를 나누어야 합니다. 내가 받은 은혜가 너무 감사하여 나의 주변 사람들에게 이 은혜의 복음을 전해야 합니다. 내가 있는 곳이 '작은 교회'가 되어야 합니다. 우리의 가정이, 직장이, 학교가 작은 교회가 되는 거룩한 꿈을 품어야 합니다. 예수 믿고 난 다음 우리가 가는 곳마다 주의 복

음이 전파되는 아름다운 역사가 일어나야 합니다. 이것이 그리스도인의 사명입니다.

1. 그리스도 예수의 사도 된 바울

골로새서는 사도 바울의 인사말로 시작합니다. 그는 인사말을 통해 먼저 자신이 '하나님의 뜻'으로 말미암아 그리스도 예수의 사도가 되었다고 말했습니다.

"하나님의 뜻으로 말미암아" (골 1:1)

마찬가지로 우리 역시 일생을 사는 동안 '하나님의 뜻'이 어디 있는가를 살펴봐야 됩니다. 우리의 문제는 내 뜻대로 하다가 일이 잘 안 되면 나중에 가서야 하나님의 뜻을 찾는다는 점입니다. 그러다 보니 시행착오가 생기고 모든 것이 뒤죽박죽 되는 것입니다. 우리는 나의 뜻과 하나님의 뜻을 잘 구별해야 합니다. 처음 출발부터 하나님의 뜻을 찾아야 합니다.
그렇다면 어떻게 해야 하나님의 뜻을 찾을 수 있을까요?

첫째, 기도해야 합니다.

둘째, 말씀을 묵상해야 합니다.

셋째, 성령의 감동을 받아야 합니다.

넷째, 마음에 평안함이 있어야 합니다.

그러므로 어떤 일을 시작하려고 할 때에는 모든 것을 멈추고 기도해야 합니다. 그리고 말씀을 묵상해야 합니다. 성령의 감동이 올 때까지 기도와 말씀 묵상을 해야 합니다. 그리고 나서 마음에 평안함이 있어야 합니다. 이와 같이 하나님의 뜻을 따라 일을 시작하면 안 되는 일이 잘되기 시작합니다. 만나는 사람마다 좋은 일이 생겨납니다. 가정에서도 잘되고 학교에서도 잘되고 직장에서도 잘되고 사업장에서도 잘되고 범사가 형통케 되는 은혜가 임하게 됩니다. 그렇기 때문에 일생을 살아가는 동안 하나님의 축복을 받기 위해서는 무엇보다 하나님의 뜻을 구해야 합니다. 사도 바울은 자신이 원해서 사도가 된 것이 아니라 하나님의 뜻으로 사도가 되었습니다. 즉, 하나님이 택하고 부르셔서 사도가 된 것입니다. 이처럼 우리 역시 모든 일에 하나님의 뜻을 구하고 그 뜻을 따라 살아가야 합니다.

사도 바울은 자신이 하나님의 뜻으로 말미암아 '그리스도 예수의 사도'가 되었다고 말했습니다.

"그리스도 예수의 사도 된 바울과 형제 디모데는"(골 1:1)

우리 역시 하나님의 뜻으로 말미암아 예수 그리스도의 심부름을 하는 '예수 그리스도의 일꾼들'입니다. 따라서 우리는 예수 그리스도의 뜻을 전하고 예수 그리스도의 심부름을 하는 자들이 되어야 합니다. 또한 우리는 예수님께 속해 있는 자들입니다. 예수 그리스도께 속해 있는 자라고 해서 '그리스도인', '크리스천'이라고 부르는 것입니다. 그러므로 예수님께 붙어 있기만 하면 예수님께서 열매를 맺게 만들어 주십니다. "나는 포도나무요 너희는 가지라 그가 내 안에, 내가 그 안에 거하면 사람이 열매를 많이 맺나니 나를 떠나서는 너희가 아무것도 할 수 없음이라."(요 15:5).

그렇다면 어떻게 해야 예수님께 붙어 있을 수 있을까요? '말씀'과 '기도'와 '성령'으로 붙어 있을 수 있습니다. 우리가 주님께 붙어 있고 주님과 가까워지려면 말씀을 많이 묵상하고 기도를 많이 하고 성령의 감동하심을 받아야 됩니다. 앞에서도 말씀드렸듯이 성령의 감동하심이 없이 우리의 뜻대로 무엇을 하면 절대로 안 됩니다. 감동하심이 와야 합니다. 성령의 감동하심이 와서 내 마음에 평안과 기쁨과 감사와 감격이 넘쳐 날 때 많은 열매를 맺을 수가 있습니다.

'그리스도'는 '기름 부음을 받은 자'라는 뜻으로 헬라어 '크리스토스'(χριστός)에서 온 단어입니다. 히브리어로는 '메시아', 즉 '구세주'를 의미합니다. 구약 시대에는 왕과 제사장과 선지자에게 기름을 부어 직분을 수행하도록 했습니다. 메시아로 오신 예수님은 왕권을 가지고, 대제사장으로서, 선지자의 사명을 감당하기 위해 이 땅에 오셨습니다. 그러므로 구약 시대에 기름 부음을 받는 왕, 제사장, 선지자의 세 가지 직분이 예수님 안에서 종합된 것입니다. 이 예수님을 믿으면 우리도 왕 같은 제사장이 되어서 주의 말씀을 선포하는 선지자의 사명을 감당할 수 있게 되는 것입니다.

'예수'는 "아들을 낳으리니 이름을 예수라 하라 이는 그가 자기 백성을 그들의 죄에서 구원할 자이심이라 하니라"(마 1:21)는 말씀에서 보듯 '구원자'라는 뜻입니다.

'사도'란 '보내심을 받은 자'란 의미입니다. 그러므로 '그리스도 예수의 사도'란 그리스도 예수의 보내심을 받은 자란 뜻입니다. 우리 역시 영적으로 예수 그리스도의 보내심을 받은 자들입니다. "맡은 자들에게 구할 것은 충성이니라"(고전 4:2)는 말씀처럼, 보내심을 받은 자들에게 구할 것은 충성과 헌신입니다.

2. 은혜와 평강을 기원함

사도 바울은 골로새 성도들을 향해 '그리스도 안에서 신실한 형제들'이라고 불렀습니다.

"골로새에 있는 성도들 곧 그리스도 안에서 신실한 형제들에게 편지하노니" (골 1:2)

우리는 그리스도 안에서 한 형제요, 가족입니다. 사도 바울은 에베소에 있는 성도들을 향해서도 "너희는 외인도 아니요 나그네도 아니요 오직 성도들과 동일한 시민이요 하나님의 권속이라"(엡 2:19)고 말하며 그들을 '하나님의 권속, 즉 하나님의 가족'이라고 불렀습니다. 예수님께서도 "누구든지 하늘에 계신 내 아버지의 뜻대로 하는 자가 내 형제요 자매요 어머니이니라"(마 12:50)고 하시며 하나님의 뜻대로 사는 우리 성도들이 '예수님의 가족'이라고 말씀하셨습니다. 그러므로 우리 믿는 성도들은 그리스도 안에서 다 한 형제자매요, 하나님의 가족입니다.

사도 바울은 그리스도 안에서 한 형제자매가 된 골로새 교인들에게 은혜와 평강을 기원했습니다.

> "우리 아버지 하나님으로부터 은혜와 평강이 너희에게 있을
> 지어다" (골 1:2)

우리가 일생 동안 '은혜'와 '평강'을 소유하고 살면 모든 것을 다 가진 셈입니다. 은혜 없이 살 수 없고 평강 없이 살 수가 없습니다. 그렇기 때문에 사도 바울은 인사말을 통해 골로새 성도들에게 은혜와 평강을 기원한 것입니다. 이 은혜와 평강은 '하나님'으로부터 옵니다. 우리는 이미 예수를 믿을 때부터 하나님에게서 온 은혜와 평강을 소유하고 있는 자들입니다.

'은혜'라는 말은 헬라어로 '카리스'(χάρις)라고 합니다. 그렇다면 카리스란 구체적으로 무엇을 말할까요?

첫째, 카리스란 '대가를 바라지 아니하고 베푸는 사랑, 호의'를 말합니다.

사람들은 흔히 '대가'를 바랍니다. 얼마 전 뉴스를 보니 공무를 수행할 때 직무와 관련되어 돈을 받는 것은 뇌물에 해당된다는 판결이 나왔습니다. 청탁을 들어줬던지 안 들어줬던지 간에 일단 돈을 받으면 뇌물에 해당된다는 것입니다. 아무런

이유 없이 돈을 줄 리 없기 때문입니다. 무언가 바라는 것이 있기 때문에 돈을 주는 것이고 또 그렇기 때문에 그런 돈은 뇌물인 것입니다.

그런데 카리스란 아무런 대가를 바라지 아니하고 또한 대가를 전혀 기대할 수 없는 사람에게 사랑이나 호의를 베풀어 주는 것을 말합니다. 하나님께서는 우리를 구원하실 때 우리에게 무슨 대가를 바라지 않으셨습니다. 우리는 그저 죄 가운데 태어나서, 죄 가운데 불의하고 방탕하게 살다가, 죄 가운데 죽어갈 운명이었습니다. 그런데 웬 은혜인지 하나님께서는 예수님을 이 땅에 보내사 십자가에서 우리의 모든 죄와 허물과 저주와 질병을 다 짊어지고 돌아가게 하심으로 우리를 구원해 주셨습니다. 갚으려야 갚을 수 없는 놀라운 사랑을 베풀어 주셨습니다. 이것이 카리스, 곧 은혜입니다. 우리는 이 은혜로 사는 자들입니다. 날마다 "은혜로 삽니다."라고 고백하시기 바랍니다.

둘째, 카리스는 '기대했던 것과 전혀 다르게 베풀어 주는 호의와 사랑'을 말합니다.

집에서 아이가 놀다가 그만 실수로 꽃병을 깨뜨렸습니다. 그것도 어머니가 굉장히 아끼는 꽃병을 깨뜨렸기 때문에 아이는 잔뜩 겁을 먹었습니다.

'아, 큰일 났다. 이제 엄마한테 되게 혼나겠구나!'

그때 "무슨 일이니?" 하고 어머니가 뛰쳐나왔습니다. 아이는 야단맞을 생각에 아무 말도 못하고 고개만 푹 숙이고 있었습니다. 그런데 깨진 꽃병을 본 어머니가 말했습니다.

"애야, 어디 다친 데는 없니?"

야단칠 줄 알았는데 오히려 다친 데 없냐고 위로해 주며 깨진 꽃병 조각을 치우시는 어머니의 모습, 내 생각과 전혀 다르게 호의와 사랑을 베푸는 것, 이것이 은혜입니다.

셋째, 카리스는 '사람들에게 기쁨과 즐거움을 주는 것'입니다.

내가 성령 충만을 받으면 나를 보는 사람마다 기뻐합니다. 남편이 성령 충만을 받고 집에 가면 아내가 남편의 얼굴만 봐도 기뻐합니다. 아침 일찍 나와 가게 문을 열면서 흥얼흥얼 찬송을 부르면 옆 가게에 있는 사람이 그 모습을 보고 기뻐합니다. "주님 은혜가 너무 감사해서 찬송이 절로 나온다오."라고 말할 때 '저 사람은 정말 하나님의 은혜가 있는 사람이구나.'라며 같이 은혜를 받습니다. 이것이 은혜입니다.

반면에 항상 인상을 쓰고 다니며 만나는 사람마다 자꾸 싸

우려 들고 입만 열면 불평과 험담을 하는 사람이 있습니다. 그래서 다른 이들로부터 "저 사람 온다. 빨리 피하자."라는 소리를 듣는 사람이 있습니다. 이런 사람을 만나는 날은 마음이 왠지 불편합니다. 이런 사람은 은혜와 거리가 먼 사람입니다. 그러므로 우리에게 필요한 것이 은혜입니다. 우리 얼굴만 봐도 다른 이들이 함께 기뻐하고 함께 은혜 받는 그런 사람이 되시기 바랍니다.

'평강'은 헬라어로 '에이레네'(εἰρήνη)입니다. 이는 '평강'이라는 뜻을 가진 히브리어 '샬롬'을 헬라어로 번역한 것입니다. '은혜'가 헬라식의 인사라면 '평강'은 히브리식의 인사입니다. 지금도 이스라엘 사람들은 만날 때나 헤어질 때 "샬롬!" 하고 인사합니다. 평강이란 주님의 사랑을 체험한 사람들이 느끼는 기쁨, 사랑, 감격을 말합니다. 이 단어는 원래 싸우던 사람들이 화목하고 얼싸안는 것을 말합니다. 우리 남한과 북한의 경우처럼 임시 휴전 상태를 말하는 것이 아니라 휴전선을 무너뜨리고 남북이 완전히 통일을 이루는 것을 말합니다.

부부 싸움을 자주 하는 가정이 있었습니다. 평소에는 워낙 말을 잘하는 아내 때문에 남편이 져 주었습니다. 그러던 어느 날 또 싸움이 붙었는데 이번에는 남편이 소리를 버럭 질렀습니다.

"내가 말이야 20년 동안 참고 살았는데 이제는 더 못 참겠어!"

그러나 이것은 참은 것이 아니라 벼른 것입니다. 그 남편은 20년 동안 벼르고 별렀던 것입니다. 평안함이란 억지로 참는 것도 벼르고 벼르는 것도 아닙니다. 진정으로 용서하고 화목하고 이해하는 것입니다.

많은 사람들이 평화의 참의미를 모릅니다. 마음속에 아직 앙금이 남아 있는데 "우리 그냥 평화롭게 지냅시다."라며 일시적으로 휴전한 상태를 평화라고 생각합니다. 평화란 그런 것이 아닙니다. 이것은 평화가 완성된 것이 아닙니다. 참평화란 마음속에 있는 미움과 원한과 벼르고 있던 것을 내려놓고 정말 하나가 되고 얼싸안는 것입니다. 완전히 용서하고 이해하고 하나 되는 것이 평화입니다.

예수를 믿고 난 다음에는 이러한 평화, 평안함이 있어야 합니다. 평화가 임하면 온 가정이 화목하게 됩니다. 기쁨과 사랑으로 하나가 됩니다. 그렇기 때문에 집안에서 절대로 큰 소리가 나지 않습니다.

이런 글을 읽어 본 적이 있습니다.

한 동네에 '김 씨네가 너무나 평화롭게 지낸다더라.'는 소문이 났습니다. 그래서 이웃 남자가 이른 아침에 김 씨네를 방문했습니다.

"여보게, 당신 집이 우리 마을에서 제일 평화로운 집안이라고 소문이 났던데 그 비법이 어디 있나?"

그러자 김 씨는 씽긋이 웃으며 아들에게 말했습니다.

"애야, 밖에 나가서 보리 좀 베어 오너라."

보리를 벨 철이 아닌데 김 씨의 아들은 "예." 하더니 밖에 나가서 익지도 않은 보리를 베어서 오는 것이었습니다.

"애야, 사다리를 놓고 저 소를 지붕 위에 올려 보아라."

아들은 또 "예." 하더니 사다리를 갖다 놓고 올라가지 않으려고 버티는 소를 지붕 위에 올리려고 애를 쓰는 것이었습니다. 이 모습을 본 이웃 남자는 감탄했습니다.

'김 씨네가 화평한 이유는 아들이 아버지를 사랑하고 잘 따르기 때문이구나! 참 본받을 만하구나!'

집에 돌아온 그는 김 씨처럼 아들을 불러 말했습니다.

"애야, 나가서 보리 좀 베어 오너라."

그러자 그 말을 들은 아들이 말했습니다.

"아버지, 이른 아침부터 어디 갔다 오시더니 노망드셨어요? 아직 보리 벨 철이 아니잖아요!"

이에 이웃집 남자는 "어이쿠, 우리 집은 화평하기는 틀렸구나. 내가 한 마디 하니까 아들은 두 마디 하며 덤비는구나. 소를 지붕 위에 올리라고 하면 나를 아예 정신병원으로 데려가겠구나!" 하며 가슴을 쳤다고 합니다.

사랑하는 여러분, 평화는 진정한 사랑과 이해와 화목에 있습니다. 어떤 경우에도 절대 큰 소리가 나지 않습니다. 예수 믿고 난 다음 우리 마음 가운데는 이러한 참된 평화가 있어야 합니다. 그래서 사도 바울은 교회에 편지를 보낼 때마다 "너희에게 하나님께로부터 오는 은혜와 평안함이 있을지어다."라고 말한 것입니다.

마음속에 여러 번 상처받고 응어리진 것들이 있습니까? 주님이 주시는 평강을 통하여 그 모든 상처와 응어리진 것들이 사라져 버리기를 바랍니다. 암 환자들이 죽기 전에 "이럴 줄 알았으면 용서하며 살걸." 하고 후회한다고 합니다. 마음에 미움과 아픔을 품고 살다 보면 그것이 암이 되기 때문입니다. 범죄자들도 마찬가지입니다. 마음의 미움과 아픔이 해결되지 못하면 그것이 한이 되고 응어리져 결국 죄를 짓게 되고 감옥에 가게 되는 것입니다. 그러므로 사랑하는 여러분, 주님이 주시는

평안함으로 마음에 쌓인 상처가 깨끗이 치유되고 응어리진 것들이 다 풀려서 용서하고 이해하고 화목하고 하나 되는 역사를 이루시기를 간절히 축원합니다.

우리가 너희를 위하여 기도할 때마다
하나님 곧 우리 주 예수 그리스도의 아버지께 감사하노라
골 1:3

2

*Jesus Christ,
the hope of glory*

두 번째 광주리

감사할 것이 많은 신앙생활

골 1:3-8
COLOSSIANS

우리가 너희를 위하여 기도할 때마다 하나님 곧 우리 주 예수 그리스도의 아버지께 감사하노라 이는 그리스도 예수 안에 너희의 믿음과 모든 성도에 대한 사랑을 들었음이요 너희를 위하여 하늘에 쌓아 둔 소망으로 말미암음이니 곧 너희가 전에 복음 진리의 말씀을 들은 것이라 이 복음이 이미 너희에게 이르매 너희가 듣고 참으로 하나님의 은혜를 깨달은 날부터 너희 중에서와 같이 또한 온 천하에서도 열매를 맺어 자라는도다 이와 같이 우리와 함께 종 된 사랑하는 에바브라에게 너희가 배웠나니 그는 너희를 위한 그리스도의 신실한 일꾼이요 성령 안에서 너희 사랑을 우리에게 알린 자니라 하나님이 가장 기뻐하시는 삶을 살아가기 위해서는 '감사'보다 중요한 것이 없습니다. 우리의 신앙은 감사로 출발하여 감사 가운데 자라나고 감사로 완성되어야 합니다. 예수님을 믿는데도 은혜와 축복을 누리지 못하는 이유는 감사가 부족하기 때문입니다. 감사하며 살지 않기에 하나님의 은혜와 축복을 누리지 못하고, 그 결과 항상 제한된 삶 속에서 문제와 어려움을 갖고 살아가는 것입니다.

원래 우리는 죄성을 가지고 태어났습니다. '죄'는 하나님의 틀을 거역한 것입니다. 목표를 벗어난 것이요, 교만한 것이요, 원망하고 불평하는 것입니다. 감사하지 않고 원망과 불평하는 것이 다 죄로부터 온 것입니다.

아담과 하와가 축복의 동산에서 모든 것을 누리면서 살 수 있음에도 불구하고 타락한 것은 감사를 잃었기 때문입니다. 뱀에게 들어간 사탄은 하와를 유혹하여 하나님의 은혜에 대한 감사를 빼앗았습니다. 무언가 부족함을 느끼게 만들고 모든 것을 부정적으로 보게 했습니다. 그 결과 아담과 하와는 하나님의 뜻을 거역하여 선악과를 따 먹고 죄를 짓게 된 것입니다.

그러므로 예수 믿는 사람들이 평생 싸워야 하는 것이 자신의 '옛 사람'입니다. 자꾸 낙심하게 하고 염려하게 하는 옛 사람, 감사하지 않고 조그만 문제만 생겨도 원망하고 불평하게 만드는 옛 사람, 이 옛 사람을 철저하게 회개하고 우리의 삶을 감사로 바꿔야 합니다.

내 인생을 감사로 바꾸면 기적이 일어납니다. 하나님의 놀라운 역사가 나타납니다. 이러한 감사는 '기도'할 때 더 큰 능력으로 나타납니다. 기도하는 사람을 당할 사람이 없습니다. 감사와 기도가 합쳐지면 엄청난 시너지 효과를 발휘합니다. 기적을 만들어 냅니다. 반면 기도에 감사가 없으면 응답도 늦고 능력도 나타나지 않습니다. 그러므로 기도가 응답이 안 되고 삶 가운데 항상 문제가 있을 때에는 평소에 얼마나 감사를 드

렸는지 자신을 돌아봐야 합니다.

서울에서 부산까지 가는 방법에는 여러 가지가 있습니다. 걸어서 갈 수도 있고 자전거를 타고 갈 수도 있고 버스를 타고 갈 수도 있고 고속철을 타고 갈 수도 있고 비행기를 타고 갈 수도 있습니다. 그런데 이 중에서 가장 빠른 방법은 비행기를 타는 것입니다. 마찬가지로 기도의 방법에는 여러 가지가 있습니다. 하지만 그 중 가장 빠르고 효과적인 방법은 감사 기도입니다. 감사 기도는 가장 빠른 시간 내에 우리가 원하는 기도의 목적지에 도착할 수 있게 합니다.

사도 바울 역시 교회와 성도를 위해 기도할 때마다 하나님께 감사했습니다.

"우리가 너희를 위하여 기도할 때마다 하나님 곧 우리 주 예수 그리스도의 아버지께 감사하노라"(골 1:3)
"내가 기도할 때에 기억하며 너희로 말미암아 감사하기를 그치지 아니하고"(엡 1:16)
"내가 너희를 생각할 때마다 나의 하나님께 감사하며"(빌 1:3)
"우리가 너희 모두로 말미암아 항상 하나님께 감사하며 기도할 때에 너희를 기억함은"(살전 1:2)

감사할 것이 많은 신앙생활

이처럼 성도들로 인한 감사 기도가 주의 종으로부터 드려질 때 그 기도를 통해 주의 종과 성도들이 함께 복을 받게 되는 것입니다. 사도 바울이 골로새 교회를 위해 기도할 때마다 감사한 내용은 다음과 같은 다섯 가지입니다.

1. 그리스도 예수 안에서의 믿음

첫째, 사도 바울은 골로새 성도들의 '그리스도 예수 안에서의 믿음'으로 인해 하나님께 감사했습니다.

> "우리가 너희를 위하여 기도할 때마다 하나님 곧 우리 주 예수 그리스도의 아버지께 감사하노라 이는 그리스도 예수 안에 너희의 믿음과 모든 성도에 대한 사랑을 들었음이요"

(골 1:3-4)

'그리스도 예수 안에서의 믿음'이란 예수 그리스도를 나의 삶의 주인으로 모신 믿음을 말합니다. 우리 믿음의 대상이자 삶의 주인은 예수 그리스도라는 것입니다.

한번은 어떤 분에게 예수 믿으라고 전도했더니 "저는 예수 안 믿어요. 제 자신을 믿어요."라고 대답하는 것이었습니다. 자기 자신을 믿는다는 것은 우리 자신이 얼마나 나약한 존재인지를 모르고 하는 얘기입니다. 찬바람만 불어도 감기 걸리고 어느 날 갑자기 심장이 멈추면 세상을 떠날 수밖에 없는 것이 우리 인간입니다. 그렇기 때문에 성경은 "너희는 인생을 의지하지 말라 그의 호흡은 코에 있나니 셈할 가치가 어디 있느냐?"(사 2:22)라고 말씀하는 것입니다. 그뿐입니까? '아침 생각 다르고 저녁 생각 다른 것'이 우리 인간의 모습입니다. 그런데 어떻게 우리 자신을 믿을 수 있겠습니까? 믿을 것 없는 것이 자기 자신입니다.

그러므로 우리 믿음의 기초를 예수님께 두고 예수님을 우리의 주인으로 모시고 살아야 합니다. 믿음은 복잡하고 어려운 것이 아닙니다. 예수님을 내 삶의 주인으로 삼고 내 삶의 첫 번째 순서에 모시는 것, 이것이 믿음입니다. 내 삶을 통해 예수님만이 홀로 그리고 높이 영광을 받으시게 하는 것이 믿음입니다.

2. 모든 성도에 대한 사랑

사도 바울은 골로새 성도들의 '모든 성도에 대한 사랑'으로 인해 감사했습니다.

"모든 성도에 대한 사랑을 들었음이요"(골 1:4)

이 사랑은 이웃을 향한 '사랑의 실천'입니다. 입으로 "사랑합니다." 하면서도 사랑하는 사람에 대한 배려가 없고 아무런 행동이 뒤따르지 않는다면 이는 참사랑이 아닙니다. 사랑은 행위가 동반되어야 됩니다. 속을 썩이는 자녀라도 아끼고 귀히 여겨 빚을 얻어서라도 필요한 것을 다 해 주려고 노력하는 부모의 모습, 이것이 사랑입니다. 자녀를 사랑하기에 기꺼이 희생하는 것입니다. 이처럼 사랑은 희생이 따릅니다. 내 것을 나눠 줘야 하니까 희생이 불가피한 것입니다. 우리의 사랑은 이처럼 실천적이고 희생적인 사랑이 되어야 합니다.

사실 우리 모두는 받은 것이 참으로 많습니다. 우리가 예수 믿고 구원받은 것이 얼마나 큰 은혜입니까? 또 그 후로 오늘까

지 얼마나 많은 것들을 받았습니까? 그러므로 이제부터는 나누어 주며 살아야 합니다.

그런데 이상하게도 가진 사람일수록 잘 나누어 주지 않으려는 경향이 있습니다. 없는 사람은 없는 사람끼리, 없는 형편대로 서로 잘 나누는데 많이 쌓아 놓은 사람은 움켜쥐고만 있습니다. 하지만 주님 앞에 갈 때까지 우리가 쌓아 둔 물질을 혼자 다 쓰지 못합니다. 이를 빨리 깨닫고 살아 있는 동안 열심히 나누고 베푸는 것이 진정 지혜로운 삶입니다. 예수님께서는 주기도문을 통해 우리에게 "오늘 우리에게 일용할 양식을 주시옵고"(마 6:11)라고 기도하라고 하셨습니다. 그러므로 '일용할 양식', 즉 오늘 내게 필요한 양식이 있다면 내가 받을 복은 이미 다 받은 것이고 나머지는 덤인 것입니다. 덤으로 받은 것은 나누면서 살아야 합니다. 이렇게 나누면서 사는 사람에게 하나님께서 복을 주십니다.

성경을 보면 사랑을 실천하는 초대 교회의 구체적인 모습이 나옵니다.

> "믿는 사람이 다 함께 있어 모든 물건을 서로 통용하고 또 재산과 소유를 팔아 각 사람의 필요를 따라 나눠 주며 날마다

감사할 것이 많은 신앙생활

마음을 같이하여 성전에 모이기를 힘쓰고 집에서 떡을 떼며
기쁨과 순전한 마음으로 음식을 먹고 하나님을 찬미하며 또
온 백성에게 칭송을 받으니 주께서 구원받는 사람을 날마다
더하게 하시니라"(행 2:44-47)

조용기 목사님께서 사랑과행복나눔 재단을 출범하신 취지 역시 초대 교회처럼 다 같이 나누자는 것에 있습니다. 우리도 이와 같은 사랑을 실천해야 합니다.

3. 하늘에 쌓아 둔 소망

사도 바울은 골로새 성도들의 '하늘에 쌓아 둔 소망'으로 인해 하나님께 감사했습니다.

"너희를 위하여 하늘에 쌓아 둔 소망으로 말미암음이니 곧
너희가 전에 복음 진리의 말씀을 들은 것이라"(골 1:5)

골로새 성도들은 소망을 하늘에 쌓아 두었습니다. 하늘에

쌓아 둔 소망은 영원한 소망이기에 장차 우리에게 영원한 상급으로 다가올 것입니다.

이 땅에 목적을 두고 살면 목적이 이루어져도 때때로 그 목적이 우리에게 더 큰 절망을 가져다 줄 수 있습니다. 예를 들면, 돈을 많이 벌려고 애쓰던 사람이 돈은 많이 벌었는데 과로로 병상에서 죽어 간다면, 그가 추구하던 돈은 오히려 불행이 되는 셈입니다. 또한 높은 자리에 올라가려고 애를 쓰던 사람이 드디어 그가 바라던 높은 자리에게 올라갔는데 쿠데타가 일어나 감옥에 가게 된다면, 그가 추구하던 권력은 그에게 절망이 되는 것입니다.

그러므로 우리는 이 땅이 아닌 하늘에 소망을 두어야 합니다. 영원한 천국을 바라보며 믿음으로 나아가야 합니다. 우리의 삶의 목표는 이 세상이 아니라 저 천국입니다. 천국을 바라보고 사는 사람은 두려움이 없습니다. 죽음조차도 그를 두렵게 하지 못합니다. 왜 그렇습니까? 죽음은 새로운 시작이기 때문입니다. 이 땅에서 열심히 주님의 일 하다가 언제고 주님께서 오라고 부르시면 기쁨으로 주님을 맞이하여 영광스럽고 영원한 하늘 잔치에 참여하면 되기 때문입니다. 그렇기 때문에 우리는 하늘에 소망을 쌓아 두고 열심히 주의 일을 해야 합니다.

4. 열매 맺는 삶

사도 바울은 골로새 성도들의 '열매 맺는 삶'으로 인해 하나님께 감사했습니다.

"이 복음이 이미 너희에게 이르매 너희가 듣고 참으로 하나님의 은혜를 깨달은 날부터 너희 중에서와 같이 또한 온 천하에서도 열매를 맺어 자라는도다" (골 1:6)

골로새 성도들에게 복음이 전해지자 그들은 은혜를 깨달은 날로부터 진리의 선한 열매를 맺었습니다. 이처럼 복음을 들으면 은혜를 깨달아야 하며, 은혜를 깨닫게 되면 열매를 맺어야 합니다.
그렇다면 어떤 열매를 맺어야 합니까? 바로 '성령의 열매'입니다.

"오직 성령의 열매는 사랑과 희락과 화평과 오래 참음과 자비와 양선과 충성과 온유와 절제니 이같은 것을 금지할 법

이 없느니라"(갈5:22-23)

복음을 받은 자는 이와 같이 진리의 선한 열매, 즉 성령의 아홉 가지 열매를 맺어야 합니다. 그런데 본문을 보면 '열매를 맺어 자라는도다'라고 말씀합니다. 열매를 한 번만 맺는 것이 아니라 계속해서 맺어야 한다는 것입니다. 특별히 '열매를 맺어'로 번역된 헬라어 '카르포포루메논'($καρποφορούμενον$)은 현재에도 계속 열매를 맺는 현상이 일어나고 있다는 의미입니다. 이처럼 열매 맺는 일은 '진행형'입니다. "저도 한 때는 은혜 받았습니다."라며 은혜 한 번 받고 끝내지 말아야 합니다. 은혜를 받고 또 받고, 받은 은혜를 나누고 또 나누어야 합니다. 계속적으로 은혜를 받고 나누는 '열매 맺는 일생'이 되어야 합니다.

우리 예수 믿는 사람들에게 가장 부족한 것이 열매입니다. "믿습니다."라고 말은 잘 하는데 행동이 따르지 않는 경우가 많습니다. 그래서 믿음은 행위를 동반해야 합니다. 믿음이 앞서가고 행위가 뒤따라야 합니다. "믿습니다."라고 입술로 고백해도 아무런 행위가 뒤따르지 않으면 열매를 맺지 못합니다. 야고보서에서 "행함이 없는 믿음은 죽은 것이니라"(약 2:26)고 말씀한 것도 바로 이 때문입니다.

예수님을 믿는다면 예수님을 믿는 사람답게 변화된 삶을 살아야 합니다. 달라져야 합니다. 새로워져야 합니다. 날마다 믿음이 자라 '영적 거인'이 되어야 합니다. 밤낮 작은 것 가지고 따지고 속상해하고 괴로워하면 안 됩니다. 가슴을 탁 펴고 어른답게, 영적인 거인답게 용서하고 이해하며 살아야 합니다.

목회를 하다 보면 '따지는 은사'를 가진 분들을 가끔 보게 됩니다. 교회 생활에서나 부부 관계에서나 자꾸 따지지 마시기 바랍니다. 자꾸 따지면 자신이나 공동체에게 어떠한 도움도 안 됩니다. 베풀고 이해하고 용서하고 사랑하시기 바랍니다. 이러한 열매를 맺을 때 하나님께서 기뻐하시며, 예수 믿는 것이 우리에게 능력과 기적과 축복으로 다가오는 것입니다.

5. 하나님이 세우신 지도자 에바브라

사도 바울은 '하나님이 세우신 지도자 에바브라'로 인해 하나님께 감사했습니다. 우리 역시 기도할 때마다 좋은 영적 지도자를 주신 것에 대해 감사해야 합니다.

> "이와 같이 우리와 함께 종 된 사랑하는 에바브라에게 너희가 배웠나니"(골 1:7)

에바브라는 에베소에서 복음을 들은 후에 골로새에 와서 교회를 개척했습니다. 성경은 그의 성장 배경이나 교육 수준에 대해 상세히 말씀하고 있지 않습니다. 이를 보면 아마도 그는 전문적인 신학 교육이나 목회 수업을 받은 것 같지는 않습니다. 단지 말씀을 듣고 너무 기쁜 나머지 받은 은혜를 감당할 수 없어 에베소에서 160km 떨어진 골로새에 와서 열심히 복음을 전한 것으로 짐작됩니다. 그런데 그가 얼마나 크게 은혜를 받았던지 골로새에 가서 말씀을 전했을 때 많은 사람들이 예수를 믿게 되었습니다. 그러자 자연히 교회가 세워졌고, 그는 교회의 영적 지도자가 된 것입니다.

에바브라의 경우처럼 예수 믿는 사람이 은혜를 받으면 어디를 가든지 영적 지도자가 됩니다. 그러므로 우리는 은혜를 받아 우리가 있는 자리에서 영적 리더십을 발휘해야 합니다. 가정에서, 직장에서, 학교에서 영적 리더십을 갖고 가정 전체를, 직장 전체를, 학교 전체를 이끌어나가야 합니다. 왜 그렇습니까? 에바브라를 골로새 지역의 영적 리더로 세우신 것처럼,

하나님께서는 우리를 우리가 속한 공동체의 영적 리더로 세우셨기 때문입니다.

그렇다면 에바브라는 어떠한 일꾼이었을까요?

첫째, 에바브라는 무엇보다 '그리스도의 신실한 일꾼'이었습니다.

"그는 너희를 위한 그리스도의 신실한 일꾼이요" (골 1:7)

에바브라는 충성스럽고 최선을 다하는, 주님 보시기에 아주 귀한 일꾼이었습니다.

사랑하는 여러분, 우리 역시 그리스도의 일꾼입니다. 우리의 일을 하는 일꾼이 아니라 그리스도의 일을 하는 그리스도의 일꾼입니다. 학생이 공부하는 것도 주님의 일을 하는 것이요, 비즈니스맨이 사업을 하는 것도 주님의 일을 하는 것입니다. 우리 자신의 일이 아니라 주님이 맡겨 주셔서 잠시 '관리'하는 것뿐입니다. 그렇기 때문에 주님을 잘 섬기면서 공부나 사업을 하면 공부도 잘되고 사업도 아주 잘됩니다.

조용기 목사님께서 해외 선교를 많이 하실 때에는 한 달에 1주 내지 2주씩 외국에 머무신 적도 있었습니다. 그러면 많은

장로님들이 하시던 사업을 다 뒤로 제쳐 놓고 선교 여행에 동행하셨습니다. 그런데도 다녀와서 하시는 간증을 들어 보면 "목사님만 따라다녔는데 두고 온 사업이 잘되었다."라고 하십니다. 왜 그렇습니까? 나의 사업이 아니라 하나님의 사업이기 때문입니다. '복음 전하는 하나님 사업'을 하러 나가니까 '물질을 버는 하나님 사업'도 잘되게 만들어 주시는 것입니다. 그러므로 우리는 하나님의 일꾼, 하나님의 심부름꾼이라는 것을 잊지 말고 자신의 맡은 일에 최선을 다해야 할 것입니다.

둘째, 에바브라는 '성령 안에서 사랑을 전한 자'였습니다.

"성령 안에서 너희 사랑을 우리에게 알린 자니라" (골 1:8)

에바브라는 성령께서 골로새 성도들에게 어떻게 역사하고 있으며 또한 그들이 성령 안에서 어떻게 사랑하고 있는지를 사도 바울에게 알려 주었습니다.

우리들이 하는 모든 일 역시 성령 안에서 행하는 일이 되어야 합니다. 성령 안에서 사랑을 행하고, 성령 안에서 기도하고, 성령 안에서 전도하고, 성령 안에서 하나님의 영광을 위해 일할 때, 하나님께서 역사하시는 것입니다. 그리스도의 일꾼에게 꼭 필요한 것이 바로 성령 충만입니다. 그러므로 우리는 기도할 때마다 "주여, 오순절 성령 강림 때 부어 준 성령을 내게도 부어 주시옵소서. 성령 충만을 받아 믿음의 사람, 소망의 사람, 사랑의 사람으로 살게 하소서. 성령 충만하여 많은 열매를 맺게 하소서. 성령 충만을 통해 나의 삶 속에 믿음의 귀한 역사가 이루어지되 하나님 앞에서 변화된 모습으로 오직 하나님의 영광을 나타내게 하소서."라고 기도해야 합니다. 이와 같이 성령 충만을 사모하며 기도할 때 하나님께서 큰 기적을 베푸시고 귀한 역사를 이루게 하실 것입니다.

우리가 너희를 위하여 기도할 때마다 하나님

곧 우리 주 예수 그리스도의 아버지께 감사하노라

골 1:3

이로써 우리도 듣던 날부터
너희를 위하여 기도하기를 그치지 아니하고 구하노니
너희로 하여금 모든 신령한 지혜와 총명에
하나님의 뜻을 아는 것으로 채우게 하시고
골 1:9

3

*Jesus Christ,
the hope of glory*

세 번째 광주리

주님께서
인정하시는 삶

골 1:9-14
COLOSSIANS

이로써 우리도 듣던 날부터 너희를 위하여 기도하기를 그치지 아니하고 구하노니 너희로 하여금 모든 신령한 지혜와 총명에 하나님의 뜻을 아는 것으로 채우게 하시고 주께 합당하게 행하여 범사에 기쁘시게 하고 모든 선한 일에 열매를 맺게 하시며 하나님을 아는 것에 자라게 하시고 그의 영광의 힘을 따라 모든 능력으로 능하게 하시며 기쁨으로 모든 견딤과 오래 참음에 이르게 하시고 우리로 하여금 빛 가운데서 성도의 기업의 부분을 얻기에 합당하게 하신 아버지께 감사하게 하시기를 원하노라 그가 우리를 흑암의 권세에서 건져내사 그의 사랑의 아들의 나라로 옮기셨으니 그 아들 안에서 우리가 속량 곧 죄 사함을 얻었도다

성도의 일생은 기도의 일생입니다. 기도란 무엇입니까? '주님과 나와의 만남이요, 교제요, 대화' 입니다. 아무리 가까운 사람도 대화를 자주 하지 않으면 멀어집니다. 학교 다닐 때 매일 붙어 다니던 단짝 친구 사이라도 졸업 후 각자 다른 직장을 얻고 서로의 일로 바쁘게 지내다 보면 연락이 뜸해지다가 결국 멀어지게 됩니다. 마찬가지로 우리가 예수 믿고 나서도 주님과 대화하지 않으면 믿음이 자라나지 않습니다. 기도를 통해 늘 주님과 대화를 해야 우리의 믿음이 더욱 깊어지고 하나님의 큰 은혜가 임하게 되는 것입니다.

그런데 일반적으로 기도에는 다음과 같은 4가지 내용이 반드시 들어가야 합니다.

첫째, '경배와 찬양'입니다.

기도할 때는 제일 먼저 "주님, 경배와 찬양을 홀로 받으시옵소서."와 같이 하나님께 경배와 찬양을 드려야 합니다. 어떤 분은 "하나님 아버지, 이것도 주시고 저것도 주시고……."라며 처음부터 끝까지 달라는 간구만 한 후 "그러면 이상 끝." 하고 기도를 마칩니다. 이것은 온전한 기도가 아니라 일방적이고 이기적인 기도입니다. 기도의 첫 출발은 하나님께 대한 경배와 찬양입니다.

둘째, '회개'입니다.

하나님은 죄가 없는 분이십니다. 그렇기 때문에 죄를 가진 채 하나님께 나아갈 수 없습니다. 하나님께 "주님, 제가 죄인입니다. 주님 앞에 나오기 전에 제 마음 속에 원망, 불평, 미움이 있습니다. 주님 앞에 부끄러운 모습이 있었습니다. 지금 회개하오니 용서해 주옵소서."라며 죄를 고백하고 용서를 구해야 합니다.

신약 시대에 사는 우리들은 얼마나 감사한지 모릅니다. 구약 시대에는 죄를 가진 채 지성소에 들어가면 다 죽었습니다. 지성소는 오직 대제사장만 그것도 1년에 단 한 번만 들어갈 수

있는 곳이었습니다. 지성소에 들어가는 대제사장의 다리에는 밧줄을 묶고 옷에는 방울을 달았습니다. 지성소 안에서 딸랑딸랑 하고 방울 소리가 나면 대제사장이 살아 있는 것이고, 아무 소리가 나지 않으면 숨긴 죄가 있어 죽은 것입니다. 그래서 방울 소리가 나지 않으면 밖에서 밧줄을 잡아당겨 끌어내야 했습니다. 이처럼 구약 시대에는 죄를 가진 채 거룩하신 하나님 앞에 나아가면 그 즉시로 죽었습니다.

반면 신약 시대에는 예수님의 십자가 대속으로 지성소의 휘장이 열렸습니다. 그러므로 우리들은 예수님의 보혈로 죄 사함을 받아 날마다 하나님의 보좌 앞에 담대히 나아갈 수 있게 되었습니다. 이와 같은 은혜를 받은 우리들은 하나님 앞에 나올 때마다 예수님의 보혈의 공로를 의지하여 자신의 죄를 철저히 회개해야 합니다.

아침에 세수하고 나가도 저녁에 집에 돌아오면 바깥에서 묻어 온 먼지로 인해 얼굴과 손이 더러워집니다. 마찬가지로 우리 영혼 역시 시시각각 묻어오는 죄의 먼지로 인해 더러워지기 마련입니다. 보는 것이 죄이고, 듣는 것이 죄이고, 생각하는 것이 죄이고, 말하는 것이 죄이기 때문입니다. 그러므로 아침저녁으로 세수하고 몸을 씻듯이 우리는 기도할 때마다 예수님의 보혈로 우리의 죄를 씻는 회개 기도를 드려야 합니다.

셋째, '감사' 입니다.

우리는 기도할 때 주님께 넘치는 감사를 드려야 합니다. 성경은 "너희 구할 것을 감사함으로 하나님께 아뢰라"(빌 4:6), "기도에 감사함으로 깨어 있으라"(골 4:2)고 말씀하며 기도할 때마다 감사를 드릴 것을 강조하고 있습니다.

넷째, '간구와 중보' 입니다.

기도의 제일 마지막에 자신의 소원을 아뢰어야 합니다. 자신의 소원을 아뢰는 간구를 한 후에는 다른 이들을 위한 중보 기도를 해야 합니다. 가족과 이웃과 교회와 주의 종을 위해 중보 기도를 해야 합니다.

이와 같이 경배와 찬양, 죄의 고백, 감사, 간구와 중보와 같은 네 단계의 기도를 할 때 기도가 완성되는 것입니다.

사도 바울은 골로새 교회 성도들을 위해 항상 '중보 기도'를 드렸습니다.

"이로써 우리도 듣던 날부터 너희를 위하여 기도하기를 그치지 아니하고 구하노니"(골 1:9)

이와 같이 주의 종은 항상 성도들을 위하여 간절히 기도해야 하고 성도들 역시 주의 종을 위해 언제나 기도해야 합니다. 서로를 향한 사랑의 중보 기도는 놀라운 역사를 일으킵니다. 사도행전을 보면 주의 종을 위해 간절히 기도하는 초대 교회 성도들의 모습이 나옵니다. "이에 베드로는 옥에 갇혔고 교회는 그를 위하여 간절히 하나님께 기도하더라"(행 12:5). 교회의 지도자인 베드로가 감옥에 갇히자 초대 교회 성도들은 그를 위하여 간절히 기도했습니다. 그 결과 하나님께서는 천사를 보내어 베드로를 감옥에서 나오게 하시는 놀라운 기적을 베푸셨습니다.

그러므로 우리는 기도할 때마다 주의 종을 비롯하여 교회의 지도자들을 위해 기도해야 합니다. 이들이 하나님의 크고 귀한 사역을 잘 감당하는 선한 심부름꾼이 될 수 있도록 항상 기도해야 합니다. 이와 같이 성도는 주의 종을 위하여, 주의 종은 성도들을 위하여 뜨겁고 간절한 사랑의 중보 기도를 드릴 때 놀라운 부흥의 역사, 기적의 역사가 나타나는 것입니다.

1장 9절부터 14절에는 골로새 교회 성도들을 향한 사도 바울의 중보 기도가 나타나는데 그 내용은 다음과 같습니다.

1. 하나님의 뜻을 깨달아 알게 하옵소서

골로새 교회 성도들을 향한 사도 바울의 첫 번째 기도 제목은 그들이 '하나님의 뜻을 깨달아 알게 해 달라'는 것이었습니다.

"너희로 하여금 모든 신령한 지혜와 총명에 하나님의 뜻을 아는 것으로 채우게 하시고" (골 1:9)

그는 골로새 교회의 모든 성도들이 모든 신령한 지혜와 총명으로 충만하여 하나님의 뜻을 깨달아 알게 해 달라고 기도했습니다.

많은 사람들이 하나님의 뜻을 알기 원하고 하나님의 음성을 듣기 원합니다. 그래서 어떤 분은 제게 "어떻게 하면 하나님의 음성을 들을 수 있을까요?"라고 묻기도 합니다. 아마도 그 분은 하나님께서 직접 자신의 귀에다 대고 "사랑하는 아들(딸)아, 네 기도가 응답되었다."라고 이야기하시기를 원하는 것 같습니다. 실제로 그렇게 하나님의 음성을 듣는 분도 있습니다. 그러나 일반적으로 하나님께서는 우리의 마음 가운데 성령의

속삭임을 통하여 말씀하십니다. 그러므로 마음 깊은 곳에서 속삭이시는 성령의 음성을 들을 줄 아는 영의 귀가 열려야 합니다. 영적으로 민감해야 됩니다.

갓난아이를 둔 어머니는 아이의 작은 행동 하나하나에 민감합니다. 자다가도 아이가 울거나 뒤척거리면 금방 깹니다. 그래서 자다가도 몇 번씩 깹니다. 그만큼 아이에 대해 민감하다는 것입니다. 마찬가지로 우리 역시 하나님께 민감해야 합니다. 하나님 앞에 나올 때마다 영적으로 깨어 있어야 합니다. 기도할 때마다 "주님, 내게 말씀하여 주옵소서. 내가 듣기를 원합니다."라며 영의 귀가 열려 있어야 합니다.

본문에서 사도 바울은 특별히 '모든 신령한 지혜와 총명'으로 하나님의 뜻을 알게 해 달라고 기도했습니다. 신령한 지혜와 총명은 하나님을 바르게 아는 지식, 올바른 이해력과 판단력을 말합니다. 사도 바울은 다른 곳에서도 다음과 같이 말합니다.

"우리 주 예수 그리스도의 하나님, 영광의 아버지께서 지혜와 계시의 영을 너희에게 주사 하나님을 알게 하시고" (엡 1:17)
"내가 기도하노라 너희 사랑을 지식과 모든 총명으로 점점

더 풍성하게 하사" (빌 1:9)

이러한 지혜와 지식과 총명을 어디에서 얻을 수 있습니까? 바로 '성경 말씀'입니다. 날마다 주의 말씀을 묵상할 때 우리는 하나님에 관한 바른 지식을 얻을 수 있고 하나님의 뜻을 알 수 있습니다.

뿐만 아니라 말씀은 '예수 그리스도'입니다. 그러므로 우리는 말씀을 통해 살아 계신 예수님을 만나고 예수님의 놀라운 은혜와 능력을 체험하게 됩니다. 죄를 사하고 귀신을 쫓아내고 병을 고치고 하나님의 축복을 가져다주는 놀라운 능력을 경험하게 됩니다.

따라서 다른 것은 몰라도 성경을 손에서 놓으면 안 됩니다. 언제나 성경을 쥐고 살아야 합니다. 내 숨이 다하는 그날까지 손에서 성경을 놓으면 안 됩니다. 나중에 눈이 어두워 성경을 읽지 못하면 누군가에게 성경을 읽게 하거나 성경 낭독테이프를 들어서라도 성경이 내 귀에서, 내 생각에서 떠나지 않게 해야 합니다. 세상을 떠날 때까지 말씀을 통해 주의 인도함을 받아야 합니다.

그런데 말씀을 읽을 때에는 그냥 읽지 말고 기도하면서 읽

어야 합니다. 우리가 밥을 먹을 때 늘 기도하듯이 생명의 떡이요, 영의 양식인 성경 말씀을 읽을 때에도 기도해야 합니다.

"하나님 아버지, 오늘도 생명의 떡을 먹습니다. 이 생명의 떡이 나를 살리며 나를 변화시키며 나를 새롭게 하게 하소서. 이 생명의 떡을 통해 내 삶 가운데 역사하시는 주의 은혜를 깨닫게 하시고 나를 통해서 이루고자 하시는 주의 뜻을 알게 하소서."

그러므로 아침에 일어나면 제일 먼저 기도하고 성경을 읽어야 합니다. 다른 모든 것은 다 뒤로 하고 기도하고 성경 읽는 것을 삶의 첫 번째 순서, 하루의 첫 번째 순서로 삼아야 합니다. 그럴 때 영의 귀가 열려 내 마음 속에서 속삭이는 주님의 음성을 듣게 됩니다.

뿐만 아니라 하나님께서는 우리에게 '양심'을 주셨습니다. 그래서 우리들은 양심을 통해 자신이 현재 하나님의 뜻대로 사는지 그렇지 않은지를 알 수 있습니다. 하나님께서는 우리가 잘못된 길로 가려고 할 때에는 "안 된다."라며 양심을 통해서 말씀하십니다. 그럼에도 불구하고 죄를 짓는 것이 우리의 모습입니다. '내가 이러면 안 되는데, 이러면 안 되는데.' 하면서도 자꾸 죄짓는 길로 가는 것입니다.

술을 좋아하는 사람도 '다시는 술을 마시지 말아야지.'라고 생각합니다. 술 마실 때에는 잠시 즐거웠을지 모르나 아침에 깨어나면 속이 쓰리고 술주정하는 자신의 추한 모습이 부끄러워서 다시는 술 먹지 않겠다고 결심합니다. 하지만 저녁때만 되면 슬슬 술 생각이 나기 시작하면서 '안 되지. 안 되지.' 하는 양심의 소리를 저버리고 술자리에 가게 됩니다. 그러나 성경은 분명히 "술 취하지 말라 이는 방탕한 것이니"(엡 5:18), "방탕하거나 술 취하지 말며"(롬 13:13)라고 말씀합니다. 우리나라의 술 문화가 잘못되어 있습니다. 우리나라 사람들은 일단 술을 마시면 취하게 마십니다. 이것이 고쳐져야 우리 사회가 바로 됩니다.

그러므로 우리는 우리의 양심을 통해 말씀하시는 하나님의 음성을 듣고 순종해야 합니다. 끈끈한 죄의 유혹을 이기기 위해서는 기도 많이 하고 성령 충만해서 영적인 의지를 굳건하게 해야 합니다. 한마디로 영적으로 강해져야 합니다. 기도할 때마다 "주님, 제가 주님의 뜻을 바로 알 뿐만 아니라 주님의 뜻에 순종할 수 있는 굳건한 의지를 주옵소서."라고 기도해야 합니다.

2. 주께 합당히 행하는 사람이 되게 하소서

골로새 성도들을 향한 사도 바울의 두 번째 기도 제목은 '그들이 주께 합당히 행하는 사람이 되게 해 달라'는 것이었습니다.

> "주께 합당하게 행하여 범사에 기쁘시게 하고 모든 선한 일에 열매를 맺게 하시며 하나님을 아는 것에 자라게 하시고"
>
> (골 1:10)

말씀을 아는 것에서 그치면 안 됩니다. 내가 아는 말씀이 내 삶 속에 행동으로 나타나야 합니다. 알면서 실천하지 못하기 때문에 죄에서 자유함을 받지 못하는 것입니다. 알았다면 행해야 합니다. 잘못된 것을 버리고 하나님이 기뻐하시는 뜻을 따라 나가야 합니다.

아브라함이 75세에 자기 고향인 갈대아 우르를 떠난 것처럼 우리도 옛 사람의 모습을 떠나야 합니다. 그리고 믿음으로 전진해 나가야 합니다. 에베소서 4장 1절 역시 "그러므로 주 안에서 갇힌 내가 너희를 권하노니 너희가 부르심을 받은 일에 합당하게 행하여'라고 말씀합니다.

바울은 골로새 성도들이 하나님께 합당한 사람이 되도록 하기 위해서 다음 세 가지를 말했습니다.

첫째, 범사에 주님을 기쁘시게 해야 한다.

둘째, 모든 선한 일에 열매를 맺어야 한다.

셋째, 하나님을 아는 지식에서 자라야 한다.

저는 특별히 '범사에 주님을 기쁘시게 하는 삶'에 대해 말씀드리고자 합니다.

제가 아는 한 분은 아버지가 간암으로 세상을 떠나셨는데 생전에 지극정성으로 아버지를 모셨습니다. 아버지가 게를 좋아하신다는 것을 알고는 돌아가실 때까지 매일 새벽마다 4시에 일어나 수산물 시장에 가서 제일 싱싱한 게를 사서 정성껏 요리해 드렸다고 합니다. 아버지를 사랑하는 그분의 마음이 너무나 귀해 보였습니다.

육신의 아버지에게도 이렇게 잘하는데 우리 하나님 아버지를 기쁘시게 하는 일에 있어서 무엇을 아끼겠습니까? 하나님을 기쁘시게 하기 위해서는 우리가 아낄 것이 없습니다.

"새 날을 주신 주님, 오늘도 주님을 기쁘시게 하는 하루가

되기 원합니다. 저의 말과 행동이 주님을 기쁘시게 하기 원합니다. 주님을 기쁘시게 하는 것이라면 저의 재능, 저의 물질, 저의 젊음도 기꺼이 드립니다. 자가 깨나 앉으나 서나 주님을 기쁘시게 하는 삶을 살게 하소서."

우리가 매일 이러한 기도를 드린다면 쉽게 죄를 짓지 못할 것입니다. 부부간에도 평생 부부 싸움 못 할 것입니다. 화를 내려고 하는 순간 화를 잠시 멈추고 "여보, 잠깐 휴전합시다. 5분만 기도해 보고 싸웁시다."라고 하면 싸우지 않게 됩니다. 5분만 기도해 보면 '아, 하나님이 기뻐하지 않으시겠구나.'라고 깨닫게 되기 때문입니다. 남을 비판하고 욕하는 말을 하려고 할 때도 잠깐 멈추고 이것이 하나님을 기쁘시게 하는 말인지 아닌지 생각해 보아야 합니다. 이것이 범사에 주님을 기쁘시게 하는 삶입니다. 주님을 기쁘시게 하면 주님께서 놀라운 역사를 베풀어 주십니다.

어느 교회에서 건축을 위한 40일 작정 새벽기도회를 열었습니다. 성도 수가 많지 않아서 목사님은 교회학교 어린이들까지 다 참석하라고 광고했습니다. 그렇게 해서 어린 아이로부터 어른에 이르기까지 온 교인이 40일 동안 새벽마다 교회에 나와 기도를 드렸습니다. 그런데 교회학교 어린이들이 얼마나 열심히 참석했던지 하루는 근처에 있는 초등학교 교장 선생님이 목사님을 찾아왔습니다.

"목사님, 새벽기도회를 좀 멈춰 주세요."

"아니, 왜 그러십니까?"

"목사님 교회에 나가는 우리 학교 아이들이 학교에 와서 자꾸 좁니다. 어른들만 하지 왜 애들까지 데리고 나와 고생을 시킵니까? 새벽기도회에 아이들이 나오지 않도록 해 주세요."

"교장 선생님, 죄송하지만 그렇다고 해서 아이들에게 새벽기도회를 그만두게 할 수는 없습니다."

이러한 반대에도 불구하고 새벽기도는 계속되었습니다.

그러던 어느 날 초등학교 5학년 아이가 새벽기도를 하다가 그만 잠이 들었습니다. 한참 자다 깨 보니 아침 7시였습니다. 아이는 놀라서 급히 집으로 뛰어가는데 어떤 할머니가 길에 쓰러져 있는 것을 발견했습니다. 아이는 그 할머니를 부축해서 병원에 모셔다 드리고 학교에 좀 늦게 갔습니다.

그런데 며칠 후 그 할머니가 아들과 함께 학교를 찾아왔습니다. 아이를 만난 할머니의 아들은 반가워하며 말했습니다.

"우리 어머니를 네가 살렸구나. 고맙다. 답례로 네가 원하는 것을 해 주고 싶은데 무얼 해 줄까?"

"저는 컴퓨터도 있고요, 자전거도 있고요, 장난감도 있어요. 저에게 뭘 선물해 주시려면 요즘 저희 교회가 건축하려고 기도하고 있으니까 건축 헌금 해 주세요."

다른 것을 구하지 아니하고 교회 건축을 도와달라는 어린아이의 말에 할머니와 아들은 감동을 받았습니다. 할머니는 돈이 많으셨는지 큰 액수의 헌금을 했고, 교회는 아름답게 지어질 수 있었습니다. 우리나라에서 실제로 있었던 일입니다. 범사에 주님을 기쁘시게 해 드리면 이러한 귀한 역사가 일어나는 것입니다.

3. 모든 능력으로 능하게 하소서

골로새 성도들을 향한 사도 바울의 세 번째 기도 제목은 '그들이 모든 능력으로 능하게 해 달라'는 것이었습니다.

> "그의 영광의 힘을 따라 모든 능력으로 능하게 하시며 기쁨으로 모든 견딤과 오래 참음에 이르게 하시고" (골 1:11)

사도 바울은 골로새 성도들이 하나님의 능력으로 충만하여 모든 어려움을 이기기를 기도했습니다. 우리 역시 날마다 "성령으로 충만케 하옵소서."라고 기도해야 합니다. 성령 충만이 모든 문제의 해결입니다. 여의도순복음교회 50여 년의 역사가 성령 충만의 역사입니다. 첫째도 성령 충만, 둘째도 성령 충만, 마지막도 성령 충만의 역사였습니다. 세계 최대의 교회로 부흥하게 된 가장 큰 원동력이 성령 충만입니다.

사도행전에 등장하는 초대 교회 역시 성령 충만으로 부흥했습니다. 예수님의 제자들은 3년 반 동안 예수님을 따라다니면서 제자 훈련도 받고 예수님이 기적을 행하실 때 그 옆에서 지켜보기도 했습니다. 하지만 그들은 성령 받기 전에는 무기력했습니다. 베드로는 예수님이 잡히시던 날 밤에 3번이나 예수님을 모른다고 부인했으며 다른 제자들은 다 도망가 버렸습니다. 예수님의 십자가 밑에까지 간 제자는 요한과 예수님의 어머니 마리아와 여 제자들 몇 명밖에 없었습니다. 성령을 받기 전에는 부활하신 예수님을 만나고서도 두려워 떨며 숨어 있던 제자들이었습니다.

그런데 이들이 성령 받고 나서 확 달라졌습니다. 예수님께서는 승천하시기 전에 "예루살렘을 떠나지 말고 내게서 들은 바

아버지께서 약속하신 것을 기다리라 요한은 물로 침례를 베풀었으나 너희는 몇 날이 못 되어 성령으로 침례를 받으리라"(행 1:4-5)고 말씀하셨습니다. 그래서 제자들은 함께 모여 부르짖으며 기도했고 열흘 만에 성령이 임했습니다. 성령이 임하자 그들은 권능을 받고 나가서 복음을 전하는 복음의 증인이 되었습니다. 가는 곳마다 기적이 나타나고 문제가 해결되고 수많은 영혼들이 회개하고 돌아오는 역사가 나타났습니다. 베드로가 한 번 설교할 때 3천 명이 회개하고 돌아와 침례를 받았습니다.

사랑하는 여러분, 지금도 성령 받으면 이러한 일이 일어납니다. 2천 년 전의 성령님과 2천 년 후의 성령님은 다른 분이 아닙니다. 그때나 지금이나 동일한 분이십니다. 그럼에도 불구하고 "성경에 그런 일이 있었지."라며 성경을 '옛날이야기' 정도로 생각하는 분이 있습니다. 그러나 아닙니다. 성경은 지금도 살아서 우리 가운데 역사하시는 하나님의 말씀, 능력의 말씀입니다. 이 말씀이 오늘 우리에게 현재적으로 다가오기 위해서 필요한 것이 성령 충만입니다. 성령 충만을 받지 않으면 이 말씀은 옛날이야기에 불과합니다. 내게 아무런 역사를 할 수가 없습니다. 그러나 성령을 받으면 기적이 나타나고 하나님의 능력이 우리에게 임하는 것입니다.

성령 충만을 받게 되면 우리는 모든 어려움을 이길 수 있게 됩니다. "기쁨으로 모든 견딤과 오래 참음에 이르게 하시고"(11절). 야고보서 1장 2절부터 4절에서도 "내 형제들아 너희가 여러 가지 시험을 당하거든 온전히 기쁘게 여기라 이는 너희 믿음의 시련이 인내를 만들어 내는 줄 너희가 앎이라 인내를 온전히 이루라 이는 너희로 온전하고 구비하여 조금도 부족함이 없게 하려 함이라"고 말씀합니다. 성령께서는 이와 같이 어떤 어려움이 다가와도 참고 견디며 이길 수 있게 만들어 주십니다. 그러므로 우리는 항상 "주여, 성령으로 충만케 하여 주옵소서. 주님의 능력으로 강건케 하여 주옵소서."라고 기도해야 합니다.

4. 성도의 기업을 얻기에 합당하게 하소서

골로새 성도들을 향한 사도 바울의 네 번째 기도는 '그들이 성도의 기업을 얻기에 합당하게 해 달라'는 것이었습니다.

"우리로 하여금 빛 가운데서 성도의 기업의 부분을 얻기에 합당하게 하신 아버지께 감사하게 하시기를 원하노라 그가

> 우리를 흑암의 권세에서 건져내사 그의 사랑의 아들의 나라로 옮기셨으니 그 아들 안에서 우리가 속량 곧 죄 사함을 얻었도다" _(골 1:12-14)

우리 하나님은 좋으신 하나님이십니다. 우리 모두가 영혼이 잘됨같이 범사에 잘되며 강건하기를 원하십니다. 하나님께서는 우리가 성도의 기업을 얻기를 원하십니다.

그렇다면 '성도의 기업'이란 무엇일까요? 이는 하나님께서 예수님을 통하여 우리에게 물려준 하나님의 기업, 즉 하나님의 축복을 말합니다. 부모가 세상을 떠나고 난 다음에 자녀들이 상속을 받습니다. 부모가 재산이 많은 사람은 받을 상속도 많습니다. 마찬가지로 본문에서 말하는 '기업'이란 하나님께서 예수님을 통하여 우리에게 주신 엄청난 상속을 말합니다. 그것은 제일 처음 아담과 하와가 지음 받았을 때 받았던 축복입니다. 그런데 아담과 하와가 죄를 짓고 타락하자 그 상속을 잃어버렸습니다. 이렇게 잃어버린 상속을 다시 받아 누려야 합니다. 영혼이 잘됨같이 범사에 잘되며 강건하게 되는 축복을 누려야 하는 것입니다.

미국의 오랄 로버츠(G. Oral Roberts) 목사님은 폐병으로 피를 토하며 죽어 가던 죽음의 문턱에서 예수님을 만나 병 고침을 받았습니다. 또한 목사님은 원래 말을 더듬기 때문에 주의 종으로 사역하기가 어려웠습니다. 그런데 예수님을 만나고 성령이 임하자 하나님이 주신 기업이 회복되기 시작했습니다. "사랑하는 자여 네 영혼이 잘됨같이 네가 범사에 잘되고 강건하기를 내가 간구하노라"(요삼 1:2)는 말씀처럼 구원받고 성령을 받으며 영혼이 잘되기를 시작하자 폐병을 고침 받았을 뿐만 아니라 말 더듬이까지 고침 받았습니다. 범사가 잘되고 강건하게 된 것입니다. 그리하여 이 말씀은 목사님의 평생의 '레마'가 되었습니다. 그후 목사님은 능력의 신유 사역자요, 열정적인 복음 전도자가 되어 수백만 명에게 복음을 전했으며 자신의 이름을 딴 오랄 로버츠 대학까지 세웠습니다. 16세 때 돌아가실 뻔 했던 분이 하나님의 기업을 회복하자 91세까지 건강하게 주님의 일을 하시다가 천국에 가신 것입니다.

여러분, 이미 이 축복이 우리에게 주어졌습니다. 그러므로 우리는 이 축복을 찾아내고 누려야 합니다. 그렇다면 어떻게 해야 이 축복을 찾아내고 누릴 수 있을까요? 다름 아닌 우리의 '믿음'과 '기도'를 통해서입니다. 기도와 믿음이 합쳐질 때 우리는 우리에게 이미 주어진 축복을 소유하고 누릴 수 있습

니다.

많은 경우 '믿음'이 부족해서 이것을 소유하지 못합니다. 이미 주셨는데도 믿음의 문제 때문에 소유하지 못하는 것입니다. 나의 가정과 생활과 사업 가운데 무언가가 자꾸 풀리지 않고 어려움이 있는 것은 내게 주신 것을 믿음으로 확보하지 못했기 때문입니다. 그러므로 하나님께서 이미 축복 주신 줄 믿고 누리며 살아가야 합니다.

뿐만 아니라 이것을 '기도'로 정복해 나가야 합니다. 기도는 우리에게 응답을 가져옵니다. 믿음의 기도는 기적을 만들어 냅니다. 기도할 때 하나님이 역사하십니다.

미국 중서부 지방의 한 작은 마을에 심한 가뭄이 들었습니다. 이로 인해 모든 밭과 논이 다 황폐해져 버리고 먹을 물조차 없어 모든 사람들이 큰 어려움에 빠지게 되었습니다. 문제가 심각해지자 온 마을 사람들이 교회에 모여 대대적인 기도회를 갖게 되었습니다. 교회를 다니는 사람이건 다니지 않는 사람이건 비를 내리게 해 달라는 기도회를 한다고 하니 모두 교회 마당에 모였습니다. 이윽고 목사님이 오셔서 모인 사람들과 인사를 나눈 뒤 기도회를 인도하기 위해 강단에 올라갔습니다. 그런데 목사님의 눈에 앞줄에 앉아 있는 한 소녀가 눈에 띄었습니다. 10살쯤 된 소녀는 손에 빨간 우산을 쥔 채 천사 같은 미소를 지으며 앉아 있었습니다. 모두들 비가 오게 해 달라고 기도하러 왔지만 정작 우산을 들고 온 어른들은 한 명도 없었습니다. 이 소녀 혼자 이미 응답 받은 줄 믿고 우산을 들고 온 것입니다.

믿음의 기도란 바로 이 소녀의 경우와 같습니다. "주여, 비를 내려 주시옵소서!"라고 기도하려면 우산을 들고 오든지 아니면 우비라도 입고 와야 합니다. 그렇기 때문에 예수님께서는 **"무엇이든지 기도하고 구하는 것은 받은 줄로 믿으라"**(막 11:24)고 말씀하신 것입니다. 지금이라도 비를 내려 주신다는 믿음 없이 드리는 기도는 허공에 메아리치는 기도입니다. "주여, 주시옵소서. 안 주시면 말고요." 많은 사람들이 이런 식의 믿음 없는 기도를 합니다. 그러니까 응답이 없는 것입니다.

사랑하는 여러분, 기도와 믿음은 분리되어서는 안 됩니다. 믿음으로 기도하시고, 믿음으로 선포하시고, 믿음으로 하나님께서 주신 기업을 받아 누리시기 바랍니다. 그리하여 여러분 모두가 영혼이 잘됨과 같이 범사가 잘되며 강건케 되는 은혜와 축복을 누리시기를 축원합니다.

이로써 우리도 듣던 날부터 너희를 위하여

기도하기를 그치지 아니하고 구하노니

너희로 하여금 모든 신령한 지혜와 총명에

하나님의 뜻을 아는 것으로 채우게 하시고

골 1:9

그는 보이지 아니하는 하나님의 형상이시요
모든 피조물보다 먼저 나신 이시니

골 1:15

4

*Jesus Christ,
the hope of glory*

네 번째 광주리

만물의 으뜸 되신
예수 그리스도

골 1:15-23
COLOSSIANS

그는 보이지 아니하는 하나님의 형상이시요 모든 피조물보다 먼저 나신 이시니 만물이 그에게서 창조되되 하늘과 땅에서 보이는 것들과 보이지 않는 것들과 혹은 왕권들이나 주권들이나 통치자들이나 권세들이나 만물이 다 그로 말미암고 그를 위하여 창조되었고 또한 그가 만물보다 먼저 계시고 만물이 그 안에 함께 섰느니라 그는 몸인 교회의 머리시라 그가 근본이시요 죽은 자들 가운데서 먼저 나신 이시니 이는 친히 만물의 으뜸이 되려 하심이요 아버지께서는 모든 충만으로 예수 안에 거하게 하시고 그의 십자가의 피로 화평을 이루사 만물 곧 땅에 있는 것들이나 하늘에 있는 것들이 그로 말미암아 자기와 화목하게 되기를 기뻐하심이라 전에 악한 행실로 멀리 떠나 마음으로 원수가 되었던 너희를 이제는 그의 육체의 죽음으로 말미암아 화목하게 하사 너희를 거룩하고 흠 없고 책망할 것이 없는 자로 그 앞에 세우고자 하셨으니 만일 너희가 믿음에 거하고 터 위에 굳게 서서 너희 들은 바 복음의 소망에서 흔들리지 아니하면 그리하리라 이 복음은 천하 만민에게 전파된 바요 나 바울은 이 복음의 일꾼이 되었노라

Jesus Christ, the hope of glory

영원의 소망 예수 그리스도

우리 신앙의 출발점은 예수 그리스도입니다. 그렇다면 우리 신앙의 목표는 무엇일까요? 우리 신앙의 목표 역시 예수 그리스도입니다. 예수님만이 우리 신앙의 유일한 목표입니다. 예수 믿고 나서도 아무것도 아닌 일로 인해 시험에 들고 낙심하는 이유는 목표를 잃어버렸기 때문입니다. 그렇기 때문에 성경은 "믿음의 주요 또 온전하게 하시는 이인 **예수를 바라보자**"(히 12:2)라고 말씀합니다. 우리의 목표는 예수님을 바라보고 예수님께 시선을 고정시키는 것입니다.

예수님이 안 보이고 사람이 보이기 시작하면 시험에 들게 됩니다. 초신자 때는 잘 모릅니다. 교회 와서 은혜 받으니 기쁘고 즐겁고 감사해서 찬송을 들어도 눈물이 나고 설교를 들어도 눈물이 납니다. 교회 가는 시간이 그저 좋기만 합니다. 그런데 하루 이틀, 시간이 지나가면서 그 감동이 식어갑니다. 그리고 교회 안에 보다 깊숙이 들어와 보니 사람들이 보이기 시작합니다. 이렇게 시선이 예수님이 아닌 사람에게 고정되기 시작하면 시험도 함께 다가오게 됩니다. 사람을 만나도 그 사람의 마음 가운데 계시는 예수님을 보아야지 사람만 보면 결국 실망하게 됩니다.

지금은 천국 가신 유명한 부흥사이신 신현균 목사님께서 시골에서 부흥회를 인도하실 때였습니다. 부흥회를 마치고 화장실에 다녀오니 성도들이 "강사 목사님도 화장실에 가시네!"라며 신기하게 여겼다고 합니다. 그때만 해도 시골에 유명한 부흥사가 내려가면 "야! 부흥 강사님이 오셨구나!" 하며 자신들과 다른 특별한 분으로 여겼습니다. 물론 하나님께서 성령의 기름을 부으셔서 강단에서 말씀을 전하게 하실 때에는 하나님이 쓰시는 '하나님의 도구'입니다. 하지만 강단에서 내려오면 연약하고 부족한 인간에 불과합니다. 그렇기 때문에 성도들은 주의 종을 위해 기도해야 합니다. 주의 종을 위해 기도하면 예수님만 보입니다. 그러면 실망하지도 실수하지도 않게 됩니다.

예수님을 보고 실망할 사람이 없기 때문입니다.

　신앙생활의 햇수가 더해지면서 교회에 더 깊숙이 들어오게 되면 사람의 약점뿐만 아니라 교회의 문제점들까지 보게 됩니다. 이는 비판하라고 보여 주신 것이 아닙니다. 그 문제를 품고 기도하고 해결하라고 하나님께서 보여 주신 것입니다. 결국 마음의 자세가 중요합니다. 부정적인 마음 자세를 가진 사람의 눈에는 항상 부정적인 것만 보입니다. 문제가 아닌 것도 문제로 보입니다. 반면 긍정적인 마음 자세를 가진 사람의 눈에는 항상 긍정적인 것만 보입니다. 문제도 기도 제목으로 보입니다. 그러므로 교회에 대해 항상 '절대 긍정', '절대 감사'라는 마음의 자세를 가져야 합니다. 이유 여하를 막론하고 원망, 불평해서는 신앙에 아무런 유익이 없습니다.

　제 고등학교 선배이신 한 감리교 목사님은 성령 운동을 통해 교회가 빨리 부흥했습니다. 제가 미국에 있을 때 부흥회를 인도하러 오셔서 함께 말씀을 나눌 기회가 있었습니다. 저는 목사님께 물었습니다.

　"2, 3년도 안 되어 5,000여 명이 모일 정도로 교회가 빨리 성장하셨는데 어려움은 없으셨습니까?"

　그러자 목사님은 이렇게 답하셨습니다.

"어려움이 없는 교회가 어디 있겠습니까? 저희 교회는 주방에서 봉사하시는 집사님들 때문에 어려움이 있습니다. 거기서 자꾸 부정적인 이야기가 나옵니다."

교회 식당은 성도들과 새신자들을 잘 대접하는 섬김의 장소입니다. 섬김은 손으로 하는 것이지 입으로 하는 것이 아닙니다. 입으로 하려니 문제가 생기는 것입니다. 사람들은 입으로 남 이야기 하는 것을 재미있어합니다. 그런데 남 이야기를 할 때는 좋은 이야기를 잘 안 합니다. "사촌이 논을 사면 배가 아프다."라는 속담처럼, 남에 대해 좋은 이야기를 하면 싫어하고 부정적인 이야기, 헐뜯는 이야기를 하면 좋아합니다. 그러다 보니 비판적인 이야기, 부정적인 이야기가 자꾸 전파되면서 신앙이 식어지고 열심이 식어지는 것입니다.

누가복음 1장을 보면, 침례 요한의 아버지인 사가랴가 부정적인 이야기를 하다가 벙어리가 된 사건이 나옵니다. 그는 아내가 아기를 낳을 때까지 벙어리가 되었습니다. 입을 열면 "내가 나이가 많은데 어떻게 아이를 낳습니까? 절대로 그런 일이 있을 수 없습니다."라고 자꾸 부정적인 말을 할까봐 입을 막으신 것입니다.

그러므로 우리가 신앙생활 할 때 가장 중요한 것은 예수님

만 바라보는 것입니다. 예수님께 초점을 맞추고 시선을 고정시켜야지 절대 다른 데를 보면 안 됩니다. "언제나 주만 바라봅니다"(찬송가 465장)라는 가사처럼 언제나 예수님만 바라보고 예수님만 닮아 가야 합니다.

자녀가 부모를 닮는 것이 당연합니다. 마찬가지로 예수님의 영을 받고 하나님의 자녀 된 우리가 예수님을 닮는 것은 당연합니다. 그러므로 우리 일생의 목표는 내가 먼저 예수님을 닮는 '작은 예수', '예수 닮은꼴'이 되는 것입니다. 그리고 우리가 일생 동안 닮기 원하는 이 예수님을 믿지 않는 사람들에게 전하는 것입니다.

이와 같이 신앙은 복잡한 것이 아닙니다. 너무나 많은 것을 복잡하게 배우다 보면 목표를 잃어버립니다. 신앙을 단순화시켜야 합니다. 신앙생활이란 한 마디로 '내적으로는 예수님을 닮고 외적으로는 예수님을 전하는 것'입니다. 이것을 신학적 용어로 '성화'(聖化, sanctification)라고 합니다. 예수 믿고 나서부터 우리의 일생이 성화의 과정입니다.

그런데 우리가 믿고 섬기는 예수님이 과연 누구신가에 대한 질문이 초대 교회 때부터 계속되어 왔습니다. 골로새 교회에서도 같은 질문이 제기되었습니다. 이에 대해 사도 바울은 다음과 같이 대답하고 있습니다.

1. 하나님의 형상

첫 번째, 예수님은 '하나님의 형상', 즉 '하나님'입니다.
사도 바울은 예수님을 하나님의 형상, 즉 하나님의 본체라고 말하면서 예수님의 우월성과 탁월함을 설명하고 있습니다.

"그는 보이지 아니하는 하나님의 형상이시요"(골 1:15)

성경은 계속해서 하나님에 대해 다음과 같이 말씀합니다.

"하나님은 영이시니"(요 4:24)
"하나님은 빛이시라"(요일 1:5)
"가까이 가지 못할 빛에 거하시고 어떤 사람도 보지 못하였고 또 볼 수 없는 이시니"(딤전 6:16)
"다시 밤이 없겠고 등불과 햇빛이 쓸 데 없으니 이는 주 하나님이 그들에게 비치심이라"(계 22:5)

이와 같이 하나님은 눈에 보이지 않는 영이시요, 빛 가운데에서 빛으로 존재하는 분이십니다. 그러므로 우리는 하나님을 볼 수도 없습니다. 또한 죄가 있기 때문에 하나님의 빛 앞에 설 수 없습니다. 죄 있는 자가 그 빛 앞에 서면 다 죽어 버립니다.

그런데 이 하나님께서 우리를 죄 가운데에서 구원해 주시기 위해 육신을 입고 오셨습니다. 이것이 바로 예수님의 '성육신 사건'입니다. 보이지 않는 하나님께서 인간의 눈에 보이도록 나타나신 것입니다. 이에 대해 성경은 다음과 같이 말씀합니다.

"본래 하나님을 본 사람이 없으되 아버지 품 속에 있는 독생하신 하나님이 나타내셨느니라"(요 1:18)
"예수께서 이르시되 빌립아 내가 이렇게 오래 너희와 함께 있으되 네가 나를 알지 못하느냐 나를 본 자는 아버지를 보았거늘 어찌하여 아버지를 보이라 하느냐"(요 14:9)

그러므로 보이지 않는 하나님을 보고 알 수 있는 길은 오직 예수님뿐입니다. 또한 예수님의 보혈의 공로로 죄 사함 받아야 빛 되신 하나님 앞에 설 수가 있습니다.

그럼에도 불구하고 "어느 종교를 믿든지 위로 가면 다 통한다."라고 말하는 사람들이 있습니다. 이는 잘못된 생각입니다. 길은 오직 하나, 예수 그리스도밖에 없습니다. 예수님께서는 분명히 "**내가 곧 길이요 진리요 생명이니 나로 말미암지 않고는 아버지께로 올 자가 없느니라**"(요 14:6)고 말씀하셨습니다. 그러므로 예수님을 통하여 우리가 하나님을 만나고, 예수님을 통하여 구원을 받고, 예수님을 통하여 새사람 되고, 예수님을 통하여 주의 능력을 체험하게 되는 것입니다. 이와 같이 예수님은 하나님이십니다.

이단을 연구하는 사람들에 의하면 우리나라에 '자칭 예수'가 38명이나 있다고 합니다. 전 세계에도 자칭 예수가 많이 있습니다. 하지만 예수님은 단 한 분뿐인 하나님이십니다. 그렇기 때문에 우리가 믿는 예수님 외에 다른 예수를 따라가면 안 됩니다. 그것은 100% 이단입니다. 예수님은 한 분밖에 없습니다.

어떤 이단은 교주가 보혜사 성령이라고 말합니다. 하지만 "나는 보혜사 성령이다."라는 말은 곧 "나는 이단의 머리요, 괴수다."라는 말입니다. 어떻게 사람이 보혜사 성령이 될 수 있습니까? 성령님은 하나님의 영이요, 예수님의 영이십니다. 영이

시기에 눈에 보이지 않습니다. 그러므로 눈에 보이는 사람을 성령이라고 말하는 것은 다 가짜입니다.

그런데 "진짜인지 가짜인지 보러 가자."라며 이단에 기웃거리는 사람들이 있습니다. 하지만 절대로 다른 데 고개를 돌리면 안 됩니다. 신앙생활을 하고 나서부터는 예수님만 바라보아야 합니다. 한번 교회에 발을 디뎠으면 절대 다른 곳을 기웃거리면 안 됩니다. 음식을 잘못 먹으면 배탈 나고 체하듯이 다른 데 기웃거리다가는 큰일 날 수 있습니다. 호기심으로 이단에 따라갔다가 패가망신하는 사람들이 많습니다. 본 교회에서 드리는 예배만 다 참석하기도 바쁜데 새로운 것을 가르친다고 해서 멋모르고 따라가면 절대로 안 됩니다. 무엇보다 출석하는 교회의 모든 예배에 충실해야 합니다.

이단들은 흔히 "뭐 새로운 것 있다.", "희한한 것 있다.", "이전에 못 들어 본 것을 듣는다."라는 식으로 현혹합니다. 그것이야말로 이상한 것입니다. 우리가 밤낮 듣는 그 말씀이 성경이 말씀하시는 바요, 진리입니다. 전혀 듣지 못한 말씀을 듣는다는 것 자체가 이상한 것입니다. 우리는 우리가 믿는 예수님 한 분만으로도 충분합니다. 예수님 한 분이면 모든 것들을 소유한 것과 다름없습니다.

일본에는 신이 800만 명이나 있습니다. 일본 사람들도 어떻게 해서 신이 그렇게 많아졌는지 잘 모른다고 합니다. 그런데 문제는 모든 신이 다 같은 신이라는 점입니다. 일본 말로 '가미'가 '신'이라는 뜻인데, 예수님도 '가미', 하나님도 '가미', 부처도 '가미'라고 부릅니다. 일본 음식점에 들어가면 고양이가 있는데 이것도 신입니다. '네꼬 가미'라고 해서 매상을 올려 주는 고양이 신입니다. 그래서 일본에서는 '유일하신 하나님', '유일하신 예수님' 개념을 설명하기가 힘듭니다. 800만이나 되는 신 중의 한 신 정도로 이해를 하기 때문입니다. 이것이 일본 선교의 어려움입니다. 그들이 사용하는 '가미'라는 단어를 우리들이 믿는 하나님과 예수님을 가리키는 데 사용하기에는 언어상의 어려움이 있습니다.

우리나라의 경우는 선교사님들이 '하나님'이란 단어를 만들어 냈습니다. 우리나라에는 예전부터 '하늘에 계신 님'이라고 해서 '하느님'이란 단어가 있었습니다. 그래서 선교사님들은 이 '하느님'이란 단어와 구분하기 위해 '하나뿐인 님, 유일하신 하느님'이란 의미로 '하나님'이란 단어를 만들었습니다. 이처럼 우리 하나님은 유일하신 한 분 하나님이십니다. 나머지 신은 사람들이 만든 가짜 신에 불과합니다.

2. 만물보다 먼저 나신 자

두 번째, 예수님은 '만물보다 먼저 나신 자'이십니다.

"모든 피조물보다 먼저 나신 이시니"(골 1:15)
"또한 그가 만물보다 먼저 계시고 만물이 그 안에 함께 섰느니라"(골 1:17)

예수님은 제일 먼저 존재하신 분이십니다. 그런데 이 1장 15절 말씀 때문에 '아리우스(Arius)파'라는 기독교의 초대 이단이 생겨났습니다. 이는 4세기쯤에 생겨난 이단으로, "골로새서 1장 15절의 '먼저 나신 이'라는 말은 예수님이 우리보다 먼저 지음 받은 피조물이라는 뜻이다. 즉, 하나님보다는 못하시고 우리보다는 월등히 뛰어나신 분이라는 뜻이다."라고 주장했습니다. 그들은 예수님을 하나님과 인간의 중간쯤 되는 위치로 끌어내렸습니다.

아리우스 이단은 초대 교회에 많은 어려움을 주었습니다. 인간적인 생각으로는 '예수님이 하나님이다.'라는 것이 이해하기 어려울 수 있습니다. 그래서 '예수님은 하나님보다 조금 못한 피조물이시다.'라는 설명을 따라가는 사람들이 많았습니다.

그러나 '예수님이 피조물보다 먼저 나신 이시다.'라는 의미는 예수님은 만물의 창조 이전에 존재하신, 만물보다 우월하신 분이시라는 의미입니다. 모든 만물보다 제일 먼저 계신 분이시며 영원 전부터 존재하신 하나님이시라는 의미입니다. 결국 이 아리우스파는 A.D. 325년에 열린 니케아 종교 회의에서 이단으로 정죄 받았습니다.

그런데 역사상 가장 뿌리 깊은 이 아리우스 이단이 우리 시대에 다시 나타나서 활동하고 있습니다. 바로 '여호와의 증인'입니다. 이들은 둘씩 짝을 지어 문을 두드리며 "함께 진리를 연구할까요?" 하고 다가옵니다. 이들의 목표는 예수 믿는 사람들을 타락시키는 것입니다. 그래서 예수 믿는 사람을 자꾸 찾아와 말로 꼬여 넘어뜨리는 것입니다. 그러므로 이들에게 절대 속으면 안 됩니다. 이들과는 대화도 하지 말고 쫓아내야 합니다. 더러운 사람하고 같이 있다 보면 같이 더러워지는 법입니다. 영이 더러운 사람들과는 상종할 필요가 없습니다. 영적인 도둑이 들어올 때는 "물러가라!" 하며 쫓아내야 합니다.

3. 모든 만물의 창조자

세 번째, 예수님은 '모든 만물의 창조자'이십니다.

> "만물이 그에게서 창조되되 하늘과 땅에서 보이는 것들과 보이지 않는 것들과 혹은 왕권들이나 주권들이나 통치자들이나 권세들이나 만물이 다 그로 말미암고 그를 위하여 창조되었고"(골 1:16)

예수님은 창조자이십니다. 예수님이 만물보다 탁월하신 이유는 모든 만물이 '예수님에 의해' 그리고 '예수님을 위해' 창조되었기 때문입니다. 이와 같이 모든 만물의 기원은 예수님이시며, 모든 만물의 창조 목적도 예수님의 영광을 나타내기 위해서입니다. 예수님은 눈에 보이는 것들뿐만 아니라 눈에 보이지 않는 것들도 창조하셨습니다. 그 창조의 범위에는 '왕권들이나 주권들이나 통치자들이나 권세들'과 같은 영적 존재, 즉 천사들까지 포함됩니다.

예수님이 창조자이시라면 창조자 되신 예수님을 마음에 모신 우리 역시 '창조적인 삶'을 살아야 합니다. "하나님 아버지, 나로 하여금 창조하는 삶을 살게 하옵소서. 오늘도 하나님의 은혜 가운데 새로운 역사를 창조하게 하옵소서. 슬픔이 있는 곳에 기쁨을, 절망이 있는 곳에 희망을, 질병이 있는 곳에 건강을 창조하게 하옵소서."라고 기도하며 날마다 하나님의 새 역사를 창조해 나가야 합니다.

미국 샌프란시스코 남부에 가면 유난히 꽃들이 많이 피어 있는 '로스 알토힐'(Los Altohill)이라는 꽃마을이 있습니다. 그런데 이곳이 꽃마을이 된 이유가 있습니다. 오래 전에 존(John)이라고 하는 우편배달부가 있었습니다. 그는 매일 자전거를 타고 집집마다 다니면서 우편물을 나누어 주는 일을 했습니다. 그런데 15년쯤 우편배달을 하다 보니 '내가 평생 이렇게 살아야 하나?'라는 회의가 들기 시작했습니다. 그는 하나님께 기도했습니다.

"하나님, 매일매일 같은 일만 하는 것이 정말 지겹습니다. 그래도 이 일을 계속해야 됩니까?"

그러자 그의 마음속에 하나님의 응답이 들려왔습니다.

"계속해라. 그 대신 그 일을 하면서 무언가 새로운 일을 창조해 보아라."

그는 생각을 바꾸고 창조적인 꿈을 꾸기 시작했습니다. '이왕 우편배달을 하며 마을을 돌아다닐 거라면 내가 다니는 마을을 한번 아름답게 만들어 보자!' 그는 가방에 꽃씨를 잔뜩 넣고 우편물을 배달할 때마다 그 집 앞에 꽃씨를 뿌려 주었습니다. 그랬더니 매일같이 같은 길을 가면서도 새로운 흥분과 기대가 생겨났습니다. '오늘은 어떤 꽃이 또 피었나? 오늘은 얼마나 이 거리가 아름다워졌나?' 그렇게 지나가는 길마다, 집집마다 꽃씨를 뿌리고 또 뿌리다 보니 하루가 지나고 한 해가 지나고 두 해가 지나면서 그 마을의 모든 길이 형형색색의 아름다운 꽃길로 변화된 것입니다.

여러분도 여러분의 가정과 직장에 희망의 꽃씨를 뿌리시기 바랍니다. 주부들은 "아이고, 지겹게 또 밥을 해야 되나! 오늘은 또 뭘 먹고 하루를 지내나!" 하지 마시고 음식을 만들더라도 그 안에 희망을 심으십시오. 기쁨을 심으십시오. 감사를 심으십시오. 직장인들은 "아이고, 또 출근해야 되나!" 하지 마시고 그 직장에 희망과 기쁨과 감사를 심어 직장을 변화시키십시오. 예수님이 창조자이시기에 우리도 창조적인 삶을 살아야 합니다. 날마다 삶의 현장 가운데 새로운 역사를 창조하는 우리 모두가 되기를 축원합니다.

4. 교회의 머리

네 번째, 예수님은 '교회의 머리'이십니다.

"**그는 몸인 교회의 머리시라**" (골 1:18)

교회의 머리는 예수님이십니다. 그러므로 교회에서 무슨 일을 하든지 예수님께 초점을 맞춰야 합니다. 믿음의 뿌리가 깊지 못한 분에게 교회의 직분을 맡기면 '내가 일을 한다.'라고 생각하는 경향이 있습니다. 자신의 일, 자신의 업적을 내세우려고 하고 자리를 차지하는 데만 관심을 갖습니다. 그래서 칭찬을 받으면 좋아하고, 충고를 들으면 화를 내고, 문제에 부딪히면 쉽게 시험에 듭니다. 이는 하나님의 은혜로 일하는 것이 아니라 자기 열심으로 일하고, 예수님께 초점을 맞춘 것이 아니라 자신에게 초점을 맞췄기 때문입니다.

디모데전서 3장 6절을 보면 사도 바울은 교회 감독의 자격에 대해 "새로 입교한 자도 말지니 교만하여져서 마귀를 정죄하는 그 정죄에 빠질까 함이요"라고 말합니다. 그렇기 때문에 교회의

직분은 가능한 한 믿음의 뿌리가 깊은 분들이 맡는 것이 바람직합니다. 신앙이 성숙하여 모든 성도들에게 칭찬받는 사람이 되었을 때 직분을 맡으면 예수님만 높이고, 예수님만 자랑하고, 예수님의 일만 하게 됩니다. 그 결과 교회가 튼튼해지고 부흥하게 됩니다.

교회는 머리 되신 예수님만 높이고 예수님이 시키시는 대로 해야 합니다. 우리 몸은 머리가 오른손 들라고 하면 오른손 들고 내리라고 하면 내립니다. 머리가 오른손 들라고 하는데도 가만히 있으면 정신적으로 이상이 있는 사람입니다. 마찬가지로 머리 되신 예수님이 시키는 대로 하지 않는 교회는 영적으로 이상이 있는 것입니다. 교회가 잘되려면 머리 되신 예수님이 시키는 대로만 하면 됩니다.

우리의 삶도 마찬가지입니다. 날마다 '예수님이 나에게 무슨 일을 시키시는가?'에 초점을 맞춰야 합니다. 내가 속한 가정에서, 직장에서, 학교에서, 내가 맡은 위치에서 예수님이 무엇을 원하시는가를 늘 생각하며 살아야 합니다. 사업장에서도 예수 믿는 사람이 사장이 되어서 좋은 믿음의 본을 보이면 모든 사원들이 "예수 믿으면 저렇게 되는구나. 나도 예수 믿어야지."라며 자연스럽게 예수님을 영접하게 됩니다.

한국도자기의 회장이신 김동수 장로님은 경영을 통해 믿음의 본을 보이시는 분입니다. 한국도자기는 직원이 한번 들어오면 해고하지 않고 '평생직장'을 보장해 준다고 합니다. 거기에서 일하는 직원이 "제가 처녀 때 우리 회사에 왔는데 여기 다니면서 시집가고 애 낳고 애들을 다 길렀어요. 이번에 큰 애가 대학 가게 되었는데 얼마나 기쁜지 몰라요."라고 인터뷰하는 것을 들었습니다. 그만큼 직원들을 자기 자녀처럼 사랑해 주니 노사분규도 없다고 합니다. 한 분이 예수님을 잘 섬기니까 온 회사 사람이 따라서 예수님을 잘 믿고 행복해지는 것입니다. 만약 한 분이 예수를 잘 못 믿으면 어떻게 되겠습니까? 다 문제가 생기지 않겠습니까? 그러므로 우리는 자신이 서 있는 그 자리에 예수님을 머리로, 주인으로 모셔서 예수님이 원하시는 일들을 충성스럽게 감당해야 합니다.

5. 만물의 으뜸

다섯 번째, 예수님은 '만물의 으뜸'이 되십니다.

> "그가 근본이시요 죽은 자들 가운데서 먼저 나신 이시니 이는 친히 만물의 으뜸이 되려 하심이요" (골 1:18)

'근본'이라는 말은 '시작', '처음'이라는 뜻입니다. 그러므로 '예수님이 근본'이시라는 말씀은 '예수님이 모든 만물의 창조자이시다'라는 의미입니다.

또한 예수님은 '죽은 자들 가운데서 먼저 나신 자'입니다. 이 말씀은 예수님의 부활을 의미합니다. "그러나 이제 그리스도께서 죽은 자 가운데서 다시 살아나사 잠자는 자들의 첫 열매가 되셨도다"(고전 15:20)라는 말씀과 같이, 예수님은 장차 부활할 우리들의 '첫 열매'가 되셨습니다. 창조 때에 먼저 계셔서 우리의 창조자가 되신 예수님은 먼저 부활하심으로 말미암아 장차 우리의 부활의 보증이 되셨습니다.

예수님이 신령한 몸으로 다시 살아나셔서 부활의 첫 열매가 된 목적은 친히 '만물의 으뜸'이 되기 위해서입니다. 예수님은 이미 창조 이전부터 계셔서 만물의 으뜸이요, 근본이셨습니다. 그런데 우리의 죄를 대속하기 위해 죽으신 후 사망 권세를 이기시고 부활하셔서 다시 한 번 만물의 으뜸이요, 근본임을 보여 주셨습니다. 하나님께서는 이 예수님을 만물의 으뜸으로 높이시고 모든 무릎을 그 앞에 꿇게 하셨습니다. "그를 지극히 높여 모든 이름 위에 뛰어난 이름을 주사 하늘에 있는 자들과 땅에 있는 자들과 땅 아래에 있는 자들로 모든 무릎을 예수의 이름에 꿇게 하시고 모든 입으로 예수 그리스도를 주라 시인하여 하나님 아버지께 영광을 돌리게 하셨느니라"(빌 2:9-11).

부활하신 예수님은 영적으로 죽은 우리의 재창조자가 되셨습니다. 그렇기 때문에 우리 그리스도인들은 예수님과 연합함으로써만 생명을 얻을 수 있습니다. 예수님은 우리 존재의 근본이요, 으뜸이십니다. 이 예수님을 떠나서 우리는 아무것도 할 수 없습니다. "나는 포도나무요 너희는 가지라 그가 내 안에, 내가 그 안에 거하면 사람이 열매를 많이 맺나니 나를 떠나서는 너희가 아무것도 할 수 없음이라"(요 15:5). 그러므로 우리는 우리의 근본이요, 으뜸이신 예수님을 삶의 최우선 순위로 삼아 풍성한 열매를 맺어야 할 것입니다.

6. 그의 안에서 하나님의 충만하심이 함께하심

여섯 번째, 예수님은 '하나님의 충만하심이 함께하시는 분'

이십니다.

> "아버지께서는 모든 충만으로 예수 안에 거하게 하시고" (골 1:19)

'충만'이란 마치 물이 잔에 흘러넘치듯이 부족함이 전혀 없는 상태를 가리킵니다. 인간에게 필요한 모든 것을 공급하기에 부족함이 없는 하나님의 충만을 나타내는 말입니다. 하나님께서는 이러한 충만을 예수님 안에 거하게 하셨습니다. 즉, 예수님 안에 하나님의 영광과 권능과 지혜를 가득 차게 하셨습니다.

당시 골로새 교회에 있었던 이단들은 구원을 얻는 데 있어 예수님만으로는 부족하다고 주장했습니다. 예수님을 믿는 것 외에 율법을 지켜야 하고 금욕을 해야 하고 천사를 숭배해야 한다고 가르쳤습니다. 이에 대해 사도 바울은 '충만'이라는 단어를 사용하여 예수님만으로 충분하다고 말한 것입니다. 구원은 믿음으로, 은혜로 받는 것입니다. 행위로, 율법으로 구원을 얻지 못합니다. 오직 예수님의 십자가 대속을 믿는 믿음으로 구원을 받는 것입니다.

하나님의 충만이 예수님 안에 있기 때문에 우리는 예수님 안에서 하나님의 충만을 경험할 수 있습니다. 에덴동산에 살던 아담과 하와는 부족함이 없었습니다. 그들은 하나님의 충만하심을 누리며 살았습니다. 그러나 이들이 죄를 지어 타락한 이후 인간은 더 이상 충만한 삶을 살지 못하게 되었습니다. 영적으로, 육적으로, 환경적으로 고통스럽고 부족한 삶을 살게 되었습니다.

이것을 회복시키신 분이 예수님이십니다. 예수님은 인간의 모든 죄를 대신 지고 십자가에 달려 돌아가심으로써 인간이 잃어버린 하나님의 충만을 회복시켜 주셨습니다. 즉, 영혼이 잘되고 범사가 잘되고 강건하게 되는 삼중축복을 회복시키신 것입니다. 중생, 성령 충만, 신유, 축복, 영생과 같은 오중복음의 은혜를 회복시키신 것입니다. 택하신 족속, 왕 같은 제사장, 거룩한 나라, 하나님의 소유 된 백성과 같은 사중 지위를 회복시킨 것입니다(벧전 2:9). 그 결과 예수님 안에 거하는 사람은 이 놀라운 하나님의 충만함을 누릴 수 있습니다. 또한 오직 예수님 안에서만 이 축복을 경험할 수 있습니다. 그러므로 우리 그리스도인들은 "예수님 한 분만으로 충분합니다. 내게 부족함이 없습니다."라고 고백할 수 있는 것입니다.

7. 하나님과의 화목제물

일곱 번째, 예수님은 하나님과의 화목제물이 되셨습니다.

"그의 십자가의 피로 화평을 이루사 만물 곧 땅에 있는 것들이나 하늘에 있는 것들이 그로 말미암아 자기와 화목하게 되기를 기뻐하심이라" (골 1:20)

예수님은 하나님과 인간 사이의 화목제물로 오셨습니다. 그렇기 때문에 화목제물이신 예수님을 마음 가운데 모신 우리는 하나님과 화목할 뿐만 아니라 이웃과도 화목해야 합니다. 하나님과의 수직적 관계와 이웃과의 수평적 관계, 이 둘 다 바로 되는 것이 '십자가 신앙'입니다. 사람들은 하나님과의 관계는 열심히 잘합니다. 하나님께 회개하고 하나님 뜻대로 살려고 노력하는 것은 잘합니다. 반면 이웃과의 관계는 잘 못 하는 경우가 많습니다. 마음에 미움을 품고 얼굴도 안 보려 합니다. 그러므로 마음에 응어리진 이것을 풀어야 합니다. 이 상처를 예수의 보혈로 씻어서 치료받아야 합니다.

어떤 사람들은 "내가 부모를 잘못 만나서 이 모양, 이 꼴이 되었어!"라고 부모를 원망합니다. 부모님 돌아가신 지가 한참 지났는데도 여태껏 원망하고 삽니다. 이처럼 과거에 매어 살면 그 삶에 축복이 없습니다. 과거는 빨리 잊어버려야 합니다. 그런데 이상하게도 사람들은 좋았던 과거보다는 상처받은 과거를 몇 십 년씩 품고 삽니다. 하지만 꼭 기억하시기 바랍니다. 우리에게 유일한 과거는 '과거 어느 날 내가 예수를 믿었다.'라는 것밖에 없습니다. '상처받았다', '원망스러웠다' 하는 모든 부정적인 과거는 다 없어졌습니다. "**이전 것은 지나갔으니 보라 새 것이 되었도다**"(고후 5:17)는 말씀처럼, 이전 것은 다 지나갔습니다. 우리는 새사람이 되었습니다.

사랑하는 여러분, 이처럼 기독교는 과거를 묻지 않습니다. 예수 믿는 사람은 미래만 바라보고 살아갑니다. 오늘이 바로 내일을 만들어 내는 것입니다. 그러므로 오늘 여러분이 주님 안에서 새로운 창조자가 되어 예수님을 높이고 예수님을 닮아 가시기를 바랍니다. 또한 화목제물로서 하나님과 화목하고 이웃과 화목하며 살아가시기 바랍니다. "하나님, 내가 화목제물이 되기를 원합니다."라고 고백하는 신자들이 많아질 때 교회가 부흥하고 가정이 화목하고 직장과 사업이 복을 받을 것입

니다.

특별히 지금까지 살아오면서 얽히고설킨 사람들과의 관계, 예를 들면 부모님과의 관계, 배우자와의 관계, 자녀와의 관계, 이웃과의 관계, 친척과의 관계 등에서 뭔가 틀어지고 미워하는 것이 있으면 다 푸시기 바랍니다. 용서하시기 바랍니다. 여러분이 화목제물이 되시기 바랍니다. 그 사람이 받아주든 안 받아주든 그것은 중요하지 않습니다. 먼저 가서 용서를 빌고 화목하여 하나가 되십시오. 그리할 때 하나님께서 여러분의 마음속에 평안과 기쁨과 찬양과 놀라운 승리를 허락해 주실 것입니다.

나는 이제 너희를 위하여 받는 괴로움을 기뻐하고
그리스도의 남은 고난을 그의 몸된 교회를 위하여
내 육체에 채우노라
골 1:24

5

*Jesus Christ,
the hope of glory*

다섯 번째 광주리

영광의 소망 되신 그리스도

골 1:24-29
COLOSSIANS

나는 이제 너희를 위하여 받는 괴로움을 기뻐하고 그리스도의 남은 고난을 그의 몸된 교회를 위하여 내 육체에 채우노라 내가 교회의 일꾼 된 것은 하나님이 너희를 위하여 내게 주신 직분을 따라 하나님의 말씀을 이루려 함이니라 이 비밀은 만세와 만대로부터 감추어졌던 것인데 이제는 그의 성도들에게 나타났고 하나님이 그들로 하여금 이 비밀의 영광이 이방인 가운데 얼마나 풍성한지를 알게 하려 하심이라 이 비밀은 너희 안에 계신 그리스도시니 곧 영광의 소망이니라 우리가 그를 전파하여 각 사람을 권하고 모든 지혜로 각 사람을 가르침은 각 사람을 그리스도 안에서 완전한 자로 세우려 함이니 이를 위하여 나도 내 속에서 능력으로 역사하시는 이의 역사를 따라 힘을 다하여 수고하노라

신앙생활이란 일생을 예수님만 바라보고 사는 삶입니다. 예수님만 바라보고 예수님만 의지하고 예수님을 닮아 가고 예수님을 전할 때, 그 삶 가운데 하나님의 은혜가 임합니다. 우리는 예수님으로부터 떨어지면 절대로 안 됩니다. 예수 믿는 그날부터 하늘나라 갈 때까지 예수님과 하나가 되어야 합니다. 우리가 예수님과 하나가 되면 예수님을 닮아 가게 되고 또 자연스럽게 내 안에 계신 예수님을 전하게 됩니다. 그러므로 우리의 소원은 평생 예수님과 하나가 되어 예수님을 닮아 가고 내가 만나는 모든 사람들에게 예수님을 전하는 것이 되어야 합니다.

1. 그리스도를 위해 받는 고난

예수님을 전하다 보면 때때로 고난이 다가옵니다. 그러나 사도 바울은 예수 그리스도를 위해 기꺼이 고난을 받겠다고 말했습니다.

> "나는 이제 너희를 위하여 받는 괴로움을 기뻐하고 그리스도의 남은 고난을 그의 몸된 교회를 위하여 내 육체에 채우노라"(골 1:24)

바울이 "그리스도의 남은 고난을 내 육체에 채우노라."고 한 말은 무슨 의미일까요? 예수님에게 아직 남은 고난이 있다는 것일까요? 물론 아닙니다. 이는 다름 아닌 '예수 그리스도를 위한 고난에 참여한다'라는 의미입니다. 복음을 증거하다 보면 악한 원수 마귀가 어떻게 하든지 우리를 넘어뜨리려고 여러 가지로 공격해 옵니다. 그래서 가정이나 직장이나 학교에서 어려움을 겪고 핍박을 받게 됩니다. 이것이 바로 그리스도의 남은 고난을 자신의 육체에 채우는 것이요, 그리스도의 고난에

동참하는 것입니다.

바울은 주님을 위해 일하다가 많은 고난을 당했습니다. 복음을 전하다 붙잡혀서 사십에 하나 감한 매를 세 차례나 맞고 몽둥이로도 맞고 감옥에 갇히기도 했습니다. 뿐만 아니라 동족인 유대인들에게 참소를 당하고 살해의 위협을 느끼면서 마음에 많은 상처를 받았습니다. 그러나 바울은 복음을 전하다 겪게 된 이러한 고난을 '예수의 흔적'으로 생각했습니다. "**내가 내 몸에 예수의 흔적을 지니고 있노라**"(갈 6:17). 본래 '흔적'이란 단어는 당시 가축이나 노예의 몸에 찍었던 낙인을 의미합니다. 바울은 예수님의 복음을 위해 자신이 받은 고난과 상처를 이 흔적에 비유했습니다. 결국 그것은 예수님을 사랑하기 때문에 생긴 '사랑의 흔적'이었습니다.

우리도 바울처럼 복음을 전하다가 고난과 핍박을 겪고 육체와 마음에 심한 상처를 얻을 수 있습니다. 그러나 그렇게 된다 하더라도 복음으로 인한 고난을 두려워하거나 피하지 마십시오. 왜냐하면 주의 복음을 전하다가 겪는 고난은 주님을 향한 우리의 믿음의 흔적이자 사랑의 흔적이기 때문입니다. 뿐만 아니라 우리가 받는 고난은 하늘나라의 놀라운 축복으로 이어지기 때문입니다.

종종 불신 가정에 시집을 가서 어려움을 겪는 분들을 우리 주변에서 볼 수 있습니다. 대대로 우상을 섬기던 집안에서 믿음을 지키려니 얼마나 어려움이 많겠습니까? 온 집안이 합세해서 자신을 핍박하고 궁지로 몰아넣을 때 얼마나 힘들겠습니까? 그러나 "**주 예수를 믿으라 그리하면 너와 네 집이 구원을 받으리라**"(행 16:31)는 말씀처럼 믿음을 지키고 고난을 이겨 내면 온 가족이 구원을 받는 역사가 나타납니다. 주를 위한 고난은 결코 고난으로 끝나지 않기 때문입니다.

그런데 자신의 잘못으로 인해서 당하는 어려움을 주를 위한 고난이라고 착각하는 사람들이 있습니다. 하지만 주를 위한 고난과 자신의 잘못으로 받는 어려움은 분명히 다릅니다.

오래 전 이야기입니다. 어떤 분이 동대문 시장에서 고무신을 훔치다가 붙잡혔습니다. 주인이 쫓아 나와서 고무신을 훔친 사람의 따귀를 때리고 야단을 쳤습니다. 그때 어느 집사님이 시장을 지나가다가 그 모습을 보니 주인에게 혼나고 있는 사람이 자기 교회에 출석하는 교인이었습니다. 깜짝 놀란 집사님이 물었습니다.

"어떻게 된 일입니까?"

"제가 지금 고난을 받고 있습니다."

이것은 고난이 아닙니다. 사람들은 자기가 잘못해서 당하는 어려움을 쉽게 '고난'이라고 말하곤 합니다. 하나님의 자녀라 할지라도 자신의 잘못으로 당하는 고통을 주님을 위한 고난이라고 생각하면 안 됩니다. 그렇기 때문에 성경은 "죄가 있어 매를 맞고 참으면 무슨 칭찬이 있으리요 그러나 선을 행함으로 고난을 받고 참으면 이는 하나님 앞에 아름다우니라"(벧전 2:20)고 말씀하는 것입니다. 나의 부족함과 연약함으로 벌어진 일로 인해 수치와 고통을 당할 때에는 핑계 대지 말고 빨리 회개하고 바로 서야 합니다.

그러나 그리스도를 위해 받은 고난이라면 그 고난을 기뻐해야 합니다. 사도행전 5장 41절을 보면 "사도들은 그 이름을 위하여 능욕 받는 일에 합당한 자로 여기심을 기뻐하면서 공회 앞을 떠나니라"고 말씀합니다. 그러므로 고난을 두려워하지 마십시오. 고난에 기쁨으로 반응하십시오. 어떤 고난이 닥쳐와도 인내하면서 믿음으로 나아가면 그 모든 고난이 변하여 축복과 기적으로 다가오는 것입니다.

우리는 '축복'이라고 하면 눈에 보이는 현실적인 축복을 생각하는 경향이 있습니다. 하지만 진짜 축복은 영적인 축복입니다. 즉, 우리가 이 세상에서 복음을 위해 수고한 대로 쌓아 주시는 하늘나라의 상급을 말합니다. 이 땅의 것은 있다가 없어지지만 하늘나라의 상급은 영원합니다. 그리고 이 땅의 삶은 눈 깜짝할 사이에 지나가는 삶이지만 저 천국의 삶은 영원한 삶입니다. 따라서 우리는 하늘나라를 위해서 투자해야 합니다. 하늘나라의 영광을 바라보면서 열심히 일해야 되는 것입니다. 남이 알아주든지 안 알아주든지, 남에게 인정을 받든지 참소를 받든지 관계없습니다. 주님의 복음과 영광을 위해 헌신하고 기쁨으로 고난을 감당한다면 우리는 하늘에서 영원히 영화로운 삶을 살 수 있습니다. 예수님께서는 복음으로 인해 고난당할 때 기뻐해야 한다고 친히 말씀하셨습니다.

> "나로 말미암아 너희를 욕하고 박해하고 거짓으로 너희를 거슬러 모든 악한 말을 할 때에는 너희에게 복이 있나니 기뻐하고 즐거워하라. 하늘에서 너희의 상이 큼이라. 너희 전에 있던 선지자들도 이같이 박해하였느니라" (마 5:11-12)

스코틀랜드 에딘버러에 가면 기독교인을 박해했던 영국의 메리(Mary) 여왕 시절에 만들어진 독특한 감옥이 있습니다. 이 감옥은 사방이 높이 140㎝인 낮은 돌담으로 되어 있고 지붕이

없습니다. 그래서 마음만 먹으면 얼마든지 담을 넘어서 도망갈 수 있습니다. 어느 날 메리 여왕은 한 젊은 부부와 어린 세 자녀를 그곳에 집어 넣고 말했습니다.

"신앙을 지키겠다면 그 안에서 죽으라. 하지만 언제든지 마음이 바뀌면 자유롭게 담을 넘어 집으로 가라."

그러나 다섯 가족은 끝까지 믿음을 지키다가 그 안에서 다 순교했습니다.

우리가 만약 그 돌담 안에 들어갔다면 어떻게 했을까요? 한 일주일만 굶으면 정신이 혼미해져서 "주님, 잠깐만 봐주시면 안 될까요? 음식을 좀 먹은 뒤 다시 돌아와 회개하겠습니다." 하고 담을 넘어갈 수도 있을 것입니다. 아니면 아예 일찌감치 담을 넘었을 수도 있습니다. 배고프다고 우는 어린 세 자녀 때문이라도 그렇게 했을지 모릅니다. 그러나 그 다섯 가족은 그 안에서 그대로 죽어 갔습니다. 믿음을 지킨다는 것은 때때로 이러한 어려움과 고난을 수반하는 것입니다. 그러나 거기서 끝나는 것이 아닙니다.

그 후로 영국에서는 놀라운 일이 일어났습니다. 많은 영적인 지도자들이 영국 땅에서 나왔습니다. '장로교의 아버지'라고 불리는 존 녹스(John Knox), 세계적인 복음 전도자이자 감리교 창시자인 존 웨슬리(John Wesley), 평양 대동강 변에서 순교했던 토마스(Robert J. Thomas) 선교사 등이 모두 영국 출신입니다. 현재 평양은 19개의 구역이 있는데, 지금도 토마스 선교사가 순교한 강 주변의 동네명이 '선교구역', 그 거리명이 '선교강안거리'로 표시되어 있을 정도로 그의 사역은 오늘날까지 그 자취를 남기고 있습니다.

그리고 지금으로부터 100년 전인 1910년은 세계 교회사적으로 볼 때 매우 의미 있는 해입니다. 전 세계 선교를 위한 모임인 '국제선교대회'(International Mission Conference)가 역사상 처음으로 열린 해가 1910년입니다. 그런데 이 대회가 열린 장소가 많은 그리스도인들이 믿음을 지키기 위해 순교를 당했던 영국 스코틀랜드의 한 도시인 에딘버러입니다. 이 대회를 통해 많은 선교사들이 나왔습니다. 올해 6월 달에는 에딘버러에서 100주년 대회가 개최됩니다. 우리는 이와 같은 일들을 볼 때 주님의 복음을 위해 받은 고난이 결코 헛수고로 돌아가지 않음을 알 수 있습니다.

2. 하나님의 비밀, 영광의 소망이신 예수 그리스도

복음을 전한다는 것은 하나님의 비밀이자 영광의 소망이신 예수 그리스도를 세상에 전하는 것입니다.

> "이 비밀은 만세와 만대로부터 감추어졌던 것인데 이제는 그의 성도들에게 나타났고 하나님이 그들로 하여금 이 비밀의 영광이 이방인 가운데 얼마나 풍성한지를 알게 하려 하심이라 이 비밀은 너희 안에 계신 그리스도니 곧 영광의 소망이니라" (골 1:26-27)

하나님께서 구원의 길을 만세 전에 예비해 놓으셨습니다. 그런데 이 구원의 길은 비밀로 감추어져 있었습니다. 그러나 하나님께서는 하나님의 때에 이 비밀을 우리에게 보이셨는데 바로 예수 그리스도이십니다. 하나님께서 만세와 만대 전에 예비해 놓으신 구원과 영생의 길이 바로 예수님이신 것입니다. 또한 하나님께서는 우리가 비밀로 감추어졌던 예수님의 영광이 이방인 가운데 얼마나 풍성하게 나타나는지 알기를 원하십니다. 곧 우리를 통해 오직 예수님만이 구원의 길이 되심을 세상 사람들에게 전파하기를 원하시는 것입니다.

뿐만 아니라 우리 안에 계신 이 예수 그리스도는 우리 삶 가운데 유일한 소망이 되시는데 이루 말할 수 없는 영광의 소망이십니다. 그렇습니다. 우리가 바랄 수 있는 모든 영광이 예수님 안에 다 담겨 있습니다. 예수님 안에 우리 영혼의 구원뿐만 아니라 영혼이 잘됨같이 범사가 잘되고 강건하게 되는 삼중축복의 은혜와 중생, 성령 충만, 신유, 축복, 재림을 다 포함하는 오중복음의 역사가 담겨 있는 것입니다. 오직 예수님을 만나고 예수님을 믿고 예수님을 의지하고 나갈 때 이 놀라운 비밀의 문이 열리는 것입니다. 그러나 예수님을 믿지 않는 사람에게는 이 비밀이 닫혀져 있습니다. 그러므로 우리는 예수님을 전하여 그들에게도 비밀의 문이 활짝 열려 그들도 풍성한 은혜를 체험할 수 있도록 해야 합니다.

3. 우리의 사명

마지막으로, 우리의 사명에 대해 생각해 보고자 합니다.

"우리가 그를 전파하여 각 사람을 권하고 모든 지혜로 각 사람을 가르침은 각 사람을 그리스도 안에서 완전한 자로 세우려 함이니 이를 위하여 나도 내 속에서 능력으로 역사하시는 이의 역사를 따라 힘을 다하여 수고하노라"(골 1:28-29)

우리의 사명은 무엇입니까?

첫째, 우리는 예수님을 전파해야 할 '복음 증거의 사명'이 있습니다.

"우리가 그를 전파하여"(28절). '전파하여'로 번역된 헬라어 '카탕겔로멘'(καταγγέλλομεν)은 현재형 동사로서, 지속적인 상태와 습관적인 행동을 나타냅니다. "너는 말씀을 전파하라 때를 얻든지 못 얻든지 항상 힘쓰라"(딤후 4:2)는 말씀처럼 복음은 언제 어디서나 항상 전파되어야 하는 것을 말합니다.

둘째, 우리는 각 사람을 권하고 말씀으로 가르쳐 바로 세우는 '말씀을 가르치는 사명'이 있습니다.

"각 사람을 권하고 모든 지혜로 각 사람을 가르침은 각 사람을 그리스도 안에서 완전한 자로 세우려 함이니"(28절). 본문에서 말하는 '모든 지혜'는 하나님의 말씀에서 나옵니다. 사람이 배워야 할 모든 지혜는 하나님의 말씀에 담겨져 있습니다. 그렇기 때문에 우리는 복음을 전한 자들을 하나님의 말씀으로 가르치고 권면해야 합니다.

또한 우리가 이들을 권면하고 가르치는 이유는 그들을 '그리스도 안에서 완전한 자'로 세우기 위함입니다. 성경은 "우리가 다 하나님의 아들을 믿는 것과 아는 일에 하나가 되어 온전한 사람을 이루어 그리스도의 장성한 분량이 충만한 데까지 이르리니"(엡 4:13)라고 말씀합니다. 이와 같이 우리는 각 사람을 그리스도 안에서 완전한 자로, 그리스도의 장성한 분량이 충만한 데까지 이르는 온전한 사람으로 세워야 합니다.

예수 믿고 구원받는 것이 1단계라면, 성령 충만 받아서 복음을 전하고 사람을 세우는 것은 2단계라고 할 수 있습니다. 이 2단계에 올라가야 성숙한 그리스도인의 삶이라고 할 수 있습니다. 어린아이처럼 밤낮 받기만 하는 신앙에 머물러서는 안 됩니다. 아이가 1년이 되고 2년이 되어도 일어나지 못하고 말하지도 못하면 부모의 마음이 어떠하겠습니까? 마찬가지로 하나님의 자녀 된 우리가 영적으로 자라지 않고 마냥 초보 단계의 신앙에 머물러 있다면 아버지 되신 하나님의 마음은 얼마나 미어지겠습니까? 예수 믿은 지 5년이 되고 10년이 되어도 대소변을 못 가리는 갓난아기들처럼 아직 자기 앞가림을 못 한다면

곤란합니다. 영적 발달 장애를 탈피해야 합니다.

적어도 예수 믿은 지 1년이 되면 성도들을 사랑으로 섬기고 믿지 않는 사람들을 인도하는 위치에 서야 합니다. 믿은 지 몇 년이 지나도 구역장이 연락하면 교회 가고 연락 안 하면 안 가는 신앙, 봉사하라고 권면하면 봉사하고 권면 안 하면 봉사 안 하는 신앙, 이러한 초보적인 신앙에 머물러 있으면 안 됩니다. 적극적인 신앙으로 나아가야 합니다. 은혜 받은 대로 힘써 주의 일을 해야 합니다. 그리하여 우리가 먼저 그리스도 안에서 온전한 신앙인으로 자라갈 뿐 아니라 우리를 통해 다른 이들이 온전하게 자라가도록 도와주는 자리에까지 나아가야 합니다.

셋째, 우리는 이 일에 '최선을 다해야 하는 사명'이 있습니다.

"이를 위하여 나도 내 속에서 능력으로 역사하시는 이의 역사를 따라 힘을 다하여 수고하노라"(29절). 우리는 우리 속에서 능력으로 역사하시는 성령님의 도우심을 받아 복음을 전하고 말씀을 가르치고 사람을 세우는 일에 최선을 다해야 합니다. 주님의 일에는 '적당히'라는 것이 없습니다. 내가 가진 힘, 재능, 물질 등 모든 것을 다 바쳐서 우리를 통해 예수님을 영접하고 말씀을 배운 자들의 삶이 온전해지도록 최선을 다해야 합니다.

그런데 최선을 다한다는 의미에는 누가 시켜서 하는 것이 아니라 자원하는 마음으로, 기쁨으로 한다는 의미가 포함되어 있습니다. 이러한 솔선수범의 자세는 교회 생활에서뿐만 아니라 사회 생활에서도 마찬가지입니다.

집 앞에 있는 눈을 치우지 않는 사람에게 100만 원의 벌금을 부과하자는 얘기로 찬반 논쟁이 있었던 적이 있습니다. 우리 각자가 마땅히 해야 할 일들을 하지 않으니 사회적 문제로 확대되는 것입니다. 우리 그리스도인들부터 자신이 해야 할 일들을 자원하는 마음으로 앞장서서 해야 합니다. 그럴 때 하나님께서 우리를 통해 일하시고 세상이 아름다워지는 것입니다. 세상이 아름다워지는 유일한 길은 우리 예수 믿는 사람들이 '예수 믿는 사람답게 사는 것' 입니다. 우리가 먼저 본을 보여야 합니다.

어느 목사님의 따님이 제약회사에 취직하자 목사님이 딸을 불러 말했습니다.

"얘야, 사람들은 곧 네가 크리스천이고 또 목사의 딸이라는 것을 알게 될 것이다. 물론 사람들이 안다는 것은 중요한 것이 아니다. 중요한 것은 네가 크리스천이라는 사실이다. 그러니 무엇보다 크리스천으로서 그들을 섬기거라. 제일 먼저 회사에 가서 주변 정리를 해 놓고 사람들이 출근하기 시작하면 커피나 차를 타서 대접해 드려라. 무엇보다 네가 그 일을 기쁨으로 하길 바란다."

보통 사람 같으면 "아빠, 내가 대학 나와서 커피나 타려고 취직한 줄 아세요? 그래도 제약회사 연구원인데……."라며 기분 나빠했을 것입니다. 하지만 이 자매는 아버지의 말에 순종했습니다. 1시간 먼저 출근해서 항상 기도로 하루를 시작하고 주변 정리를 깨끗이 한 뒤에 사람들이 출근을 하면 커피와 차를 대접했습니다. 이렇게 매일 아침마다 봉사를 하자 연구실 전체가 예수 그리스도의 사랑으로 충만해졌습니다. 사람마다 "우리 회사에 보배가 들어왔네. 예수 믿는 사람은 저렇게 다르구나. 저렇게 예수 믿는 사람만 있으면 이 세상이 아름다워지겠네!"라며 감동을 받았다고 합니다.

남이 억지로 시키기 전에 내가 먼저 자원하여 사랑을 베풀면 변화가 다가오고 축복이 다가오고 은혜가 임합니다. 어느 직장을 가든지 이와 같이 솔선수범하시기 바랍니다. '월급쟁이 의식'을 버리시고 '주인 의식'을 가지고 앞장서서 일하시기 바랍니다. 그리할 때 내가 속한 직장이 복을 받고 또한 그 직장을 통해 내가 복을 받는 것입니다.

　복음 전파도 마찬가지입니다. 우리의 삶을 통해 먼저 본을 보여야 복음이 효과적으로 전파되는 것입니다.

　100여 년 전 캐나다에 제임스 홀(W. James Hall)이라는 젊은이가 있었습니다. 그는 일찍이 의료 선교의 비전을 가지고 의사가 되었습니다. 그런데 그가 미국 뉴욕의 한 병원에서 의료 실습을 하던 중 로제타(Rosetta)라는 아름다운 여인을 만났습니다. 그는 그녀를 사랑하게 됐고 용기를 내어 청혼을 했습니다. 하지만 로제타는 망설였습니다. 그녀는 여의사가 없는 조선에 의료 선교사로 가기를 원했지만 제임스 홀은 이미 중국 선교사로 내정되어 있었기 때문입니다. 그때만 해도 조선 여인들이 남자 의사들에게는 진료를 받으려 하지 않았기 때문에 로제타는 조선 땅에 가서 조선 여인들을 대상으로 병을 고치면서 복음을 전하기로 헌신했던 것입니다.

　그러나 이들은 다시 재회하게 됩니다. 제임스 홀 선교사가 결국은 로제타 선교사가 있는 조선으로 찾아왔기 때문입니다. 이들은 결혼을 하고 첫째 아들인 셔우드 홀(Sherwood Hall)을 낳았습니다. 그런데 제임스 홀 선교사가 평양에서 의료 선교 사역을 하던 중 청일전쟁 후 퍼진 전염병에 걸린 사람들을 치

료하다가 그만 병에 걸려 죽게 되었습니다. 이때 셔우드 홀은 겨우 한 살이었고, 로제타 선교사는 둘째 아이를 임신한 상태였습니다.

남편을 양화진에 묻은 로제타 선교사는 친정어머니의 간곡한 권유로 미국으로 돌아가 안정을 취하고 둘째 딸 에디스(Edith Margaret Hall)를 낳았습니다. 그러던 중 남편을 선교사로 파송한 교회를 방문하게 되었습니다. 그 교회 성도들은 선교지에서 복음을 전하다 남편까지 잃은 그녀의 손을 붙잡고 뜨겁게 환영해 주었습니다. 뿐만 아니라 남편의 사역이 그녀를 통해 잘 이어지도록 눈물로 기도하는 것이었습니다. 로제타 선교사는 그 모습에 너무나 감동을 받고 다시 조선으로 돌아왔습니다. 하지만 딸 에디스가 2살이 되었을 때 풍토병인 이질에 걸려 죽는 일이 발생했습니다. 남편에다 어린 딸까지 잃게 된 것입니다.

그러나 로제타 선교사는 포기하지 않았습니다. 그녀는 아들 셔우드 홀와 함께 조선에서 일하면서 평양에 여성 전문 병원인 광혜여원(廣惠女院)을 세우고 한국 최초의 맹학교인 '에디스 마그리트 어린이병동'을 개원하였습니다. 또한 동대문부인병원(이화여자대학교의료원의 전신), 경성여자의학전문학교(고

러대학교의료원의 전신), 인천기독병원, 인천간호전문보건대학 등을 세우는 등 엄청난 사역을 이루고 남편 곁인 양화진에 묻혔습니다.

그리고 로제타 선교사가 이화학당에 다니던 한 여자 아이를 데려다 의학 공부를 시켰는데, 그 아이가 바로 조선 최초의 여의사가 된 박에스더입니다. 그런데 아들 셔우드 홀이 어릴 적부터 '이모'라 부르며 따르던 박에스더 의사가 결핵으로 죽게 되자, 셔우드 홀은 미국에 들어가서 결핵에 대해 공부하고 의사가 되어 다시 한국으로 돌아왔습니다. 그는 결핵요양소를 세워 결핵 퇴치에 힘썼으며 이를 위한 기금을 모으기 위해 크리스마스실(Christmas seal)을 처음으로 한국에 도입하여 발행하기도 했습니다.

그러다 일본이 한국을 합병하고 나서 선교사를 다 쫓아낼 때 셔우드 홀 선교사도 추방을 당했습니다. 하지만 그는 미국으로 돌아가지 않고 인도에 가서 의료 선교 사역을 하면서 조선 땅에 다시 들어갈 날만 고대하고 기도하였습니다. 그는 그곳에서 조선에서 있었던 모든 일들을 기록한 〈조선회상〉이라는 책을 썼는데, 이 책을 읽고 감명 받은 사람들에 의해서 대한결핵협회가 생겨나게 되었습니다.

셔우드 홀 선교사 부부는 91세 때 대한결핵협회의 초청을 받고 다시 한국에 오게 되었습니다. 그때 셔우드 홀 선교사는 부모님과 여동생이 잠든 양화진에 가서 그들의 묘비를 붙잡고 다음과 같이 말했다고 합니다.

"내가 죽으면 나를 아버지의 고향 캐나다에 묻지 말고 어머니의 고향인 미국에도 묻지 말고 내가 태어난 곳, 내 부모님과 여동생이 묻힌 곳, 내가 추방되어 인도에 머물면서도 한 순간도 잊지 못하고 기도했던 곳, 내가 은퇴해서도 늘 사진을 보고 기도했던 내 사랑하는 한국에 묻어 주시오."

셔우드 홀 선교사 부부는 98세까지 살다가 그들의 기도처럼 양화진에 묻혀서 지금도 그들이 얼마나 한국을 사랑하고 있는지 우리에게 보여 주고 있습니다. 그들은 자신들의 삶으로서 먼저 본을 보여 주었습니다. 이와 같이 대를 이어 일생을 바친 선교사님들의 사랑과 헌신이 있었기에 오늘날 한국 교회가 이만큼 부흥하고 예수님 안에서 놀라운 축복을 누릴 수 있게 되었습니다. 그분들의 희생이 축복의 밑거름이 된 것입니다.

사랑하는 여러분, 복음을 전하는 것은 이렇게 목숨을 바쳐야 하는 것입니다. 그러나 그만큼 값진 일이요, 주님이 가장 기뻐하시는 일이요, 영광 받으시는 일입니다. 우리의 일생이 구원의 비밀이요, 영광의 소망이신 예수님을 닮아 가고 전하는 이 사명에 온전히 드려지기를 축원합니다.

나는 이제 너희를 위하여 받는 괴로움을 기뻐하고

그리스도의 남은 고난을

그의 몸된 교회를 위하여 내 육체에 채우노라

골 1:24

내가 너희와 라오디게아에 있는 자들과
무릇 내 육신의 얼굴을 보지 못한 자들을 위하여
얼마나 힘쓰는지를 너희가 알기를 원하노니
골 2:1

6

*Jesus Christ,
the hope of glory*

여섯 번째 광주리

굳센 믿음의 삶

골 2:1-7
COLOSSIANS

내가 너희와 라오디게아에 있는 자들과 무릇 내 육신의 얼굴을 보지 못한 자들을 위하여 얼마나 힘쓰는지를 너희가 알기를 원하노니 이는 그들로 마음에 위안을 받고 사랑 안에서 연합하여 확실한 이해의 모든 풍성함과 하나님의 비밀인 그리스도를 깨닫게 하려 함이니 그 안에는 지혜와 지식의 모든 보화가 감추어져 있느니라 내가 이것을 말함은 아무도 교묘한 말로 너희를 속이지 못하게 하려 함이니 이는 내가 육신으로는 떠나 있으나 심령으로는 너희와 함께 있어 너희가 질서 있게 행함과 그리스도를 믿는 너희 믿음이 굳건한 것을 기쁘게 봄이라 그러므로 너희가 그리스도 예수를 주로 받았으니 그 안에서 행하되 그 안에 뿌리를 박으며 세움을 받아 교훈을 받은 대로 믿음에 굳게 서서 감사함을 넘치게 하라

Jesus Christ, the hope of glory 영광의 소망 예수 그리스도

신앙생활은 믿음으로 출발해서 믿음으로 성장되고 믿음으로 완성되는 삶입니다. 그래서 믿음이 매우 중요합니다. 성경은 "믿음이 없이는 하나님을 기쁘시게 하지 못하나니"(히 11:6), "믿음은 바라는 것들의 실상이요 보이지 않는 것들의 증거니"(히 11:1)라고 말씀합니다. 이는 하나님을 기쁘시게 하는 길은 믿음으로 사는 것이며 믿음이 있어야만 눈에 보이지 않는 영적 세계를 보이는 것처럼 믿고 행할 수 있음을 의미합니다. 그러므로 우리는 '믿음의 사람'으로 살아야 합니다. 하나님께서는 믿음의 사람을 통해서만 일하시고 영광을 받으십니다. 하나님께서는 단 한 번도 믿음 없는 사람과 일하신 적이 없습니

다. 지금도 하나님께서는 믿음의 사람을 찾고 계십니다. 그러므로 우리는 기도할 때마다 "하나님 아버지, 내가 큰 믿음의 사람이 되기 원합니다. 믿음으로 생각하고, 믿음으로 보고, 믿음으로 꿈꾸고, 믿음으로 말하고, 믿음으로 행하게 하여 주옵소서."라고 기도해야 합니다. 오직 믿음으로 충만한 삶을 살고자 해야 합니다.

1. 하나님의 비밀인 그리스도

우리의 믿음의 내용은 '하나님의 비밀인 그리스도'이십니다. 우리의 믿음은 오직 예수님에 대해 믿고 고백하는 것입니다. 우리는 내 자신을 믿어도 안 되고 사람을 믿어도 안 되고 환경을 믿어도 안 됩니다. 오직 변치 않는 예수님을 믿어야 합니다. 예수님을 믿는 믿음으로 인간관계를 맺고, 예수님을 믿는 믿음으로 사업을 하고, 예수님을 믿는 믿음으로 공부를 하고, 예수님을 믿는 믿음으로 집안을 돌봐야 합니다. 결국 믿음이 충만한 사람은 예수님으로 충만한 사람입니다. 믿음의 내용, 믿음의 본질이 예수 그리스도이기 때문입니다.

그런데 예수님이 우리의 구세주가 되신다는 것이 예수님이 오시기 전까지는 이방 사람들에게 비밀이었습니다.

"이는 그들로 마음의 위안을 받고 사랑 안에서 연합하여 확실한 이해의 모든 풍성함과 하나님의 비밀인 그리스도를 깨닫게 하려 함이니"(골 2:2)

'하나님의 비밀인 그리스도를 깨닫는다.'라는 것은 내가 예수님을 영적으로 체험하는 것을 의미합니다. 신앙생활에 있어서 제일 중요한 것은 예수님을 아는 것입니다. 그런데 머리로만 아는 것으로는 충분하지 않습니다. 머리로만 아는 신앙을 가지고서는 절대로 삶 가운데 기적을 경험할 수 없습니다. 마음으로 믿고 깨닫고 체험해야 합니다. 날마다 순간마다 예수님을 만나고 더 깊이 그 은혜 가운데 들어가야 합니다. 초보적인 신앙에서 점점 더 깊은 신앙으로 나아가야 합니다.

바다 표면에는 물이 출렁거리지만 깊은 바다로 가면 흔들림이 없습니다. 고요하고 안정적이고 평안합니다. 마찬가지로 우리의 믿음이 깊어지면 바람이 불고 풍랑이 일고 태풍이 몰아치는 듯한 환경 속에서도 마음이 평안합니다. 믿음이 없는 사람은 "악한 죄 파도가 '많아서' 맘이 늘 불안해."라고 말합니다. 하지만 믿음의 사람은 찬송가 466장의 가사처럼 "악한 죄 파도가 '많으나' 맘이 늘 평안해."라고 말합니다. 이것이 믿음의 사람의 고백입니다.

2. 굳센 믿음의 삶

우리가 믿음의 내용이자 대상이신 예수님을 마음에 품었다면 '굳센 믿음의 삶'을 살아야 합니다. 믿음이 쉽게 흔들리면 안 됩니다. 아무것도 아닌 것에 낙심하고 시험이 들고 상처받고 분노해서 소리 지르는 것은 믿음의 사람이 할 일이 아닙니다. 이는 자기 자신을 이기지 못하는 사람들이 하는 행동입니다. 예수님을 믿음의 중심으로 삼은 사람은 자기 자신을 잘 다스려야 합니다. 자신을 잘 다스릴 수 있는 것이 굳건한 믿음의 증거요, 그것이 바로 성령 충만입니다.

사도 바울은 골로새 성도들의 믿음이 굳건한 것에 대해 기뻐했습니다.

"이는 내가 육신으로는 떠나 있으나 심령으로는 너희와 함께 있어 너희가 질서 있게 행함과 그리스도를 믿는 너희 믿음이 굳건한 것을 기쁘게 봄이라"(골 2:5)

본문에서 '굳건한 것'이라고 번역된 헬라어 '스테레오마'(στερέωμα)는 군인들이 임전무퇴(臨戰無退)의 자세로 확고히 서 있는 것을 의미합니다. 그러므로 어떠한 환경 속에서도 이와 같이 굳세게 버티는 믿음은 보는 이에게 기쁨을 주는 것입니다. 마찬가지로 이러한 믿음은 우리 주님께도 큰 기쁨을 줍니다.

그렇다면 어떻게 해야 굳센 믿음을 가질 수 있을까요?

첫째, '주 되신 예수 그리스도'를 우리 믿음의 기초로 삼아야 합니다.

"그러므로 너희가 그리스도 예수를 주로 받았으니"(골 2:6)

어떤 건축물이든지 기초가 튼튼해야 굳건히 서 있을 수 있습니다. 마찬가지로 믿음도 기초가 튼튼해야 굳건히 설 수 있습니다. 우리 믿음의 기초는 다름 아닌 주 되신 예수 그리스도입니다.

본문에서 '주'(主)라고 번역된 말은 헬라어로 '퀴리오스' (κύριος)입니다. 이 말은 '가장 높은 분, 구세주, 나를 다스리는 분, 나의 통치자, 내 모든 것을 소유하신 분, 나의 주인'이라는 뜻입니다. 이 단어는 아무에게나 쓸 수 있는 단어가 아닙니다. 오직 우리가 믿고 섬기는 하나님, 성령님, 예수님께만 쓸 수 있는 단어입니다. 그러나 당시 로마 제국에서는 로마 황제를 '주'라고 부르며 숭배하게 했습니다. 하지만 초대 교회의 성도들은 로마 황제를 '주'라고 부르지 않고 오직 예수님 한 분에게만 '주'라는 호칭을 사용했습니다. 황제 숭배를 거절한 것입니다. 그래서 당시 많은 그리스도인들이 로마 원형 경기장에서 사자의 밥이 되거나 화형을 당하거나 십자가에 달려 순교했습니다. 이 순교의 피, 즉 그들의 굳센 믿음으로 말미암아 오늘날 전 세계에 이렇게 많은 사람들이 예수를 믿게 된 것입니다.

이것을 볼 때 대한민국에서 태어나 자유롭게 신앙생활을 할 수 있다는 것이 얼마나 감사한지 모릅니다. 지금 우리 중에 예수님을 '주님'으로 고백한다고 해서 생명의 위협을 느끼는 사람은 아무도 없습니다. 그러므로 우리는 자유롭게 신앙생활 할 수 있는 것에 감사하고 믿음의 기초이신 예수님 안에 굳건히 서서 만방에 복음을 전하는 자들이 되어야 됩니다.

둘째, 굳센 믿음을 가지기 위해서는 '주 안에서 믿음으로 행하는 삶'을 살아야 합니다.

"그 안에서 행하되" (골 2:6)

우리가 예수님을 내 삶의 주인으로 모신 다음에는 믿음으로 행해야 합니다. 믿음으로 행한다는 것은 무슨 일을 하더라도 항상 믿음의 기초이신 예수님을 바라보면서 절대 긍정의 믿음을 갖고 전진해 나가는 것을 말합니다. 불안하고 걱정스럽고 염려가 가득해서는 어떤 일이든 잘될 수가 없습니다.

아침에 자녀를 학교에 보낼 때 '아휴, 얘가 등교하다 다치지는 않을까, 등교해서는 친구들이 따돌리지는 않을까?'라고 염려한다고 해서 달라질 것이 있습니까? 그 대신 믿음으로 자녀를 축복하며 보내야 합니다. "하나님이 너와 함께하신다. 하나님이 너를 통해서 영광을 받으실 것이다. 오늘 좋은 일이 있을 것이다. 공부 잘 하고 오너라. 너는 참으로 훌륭한 내 아들(딸)이다. 내가 너를 사랑한다."라며 축복하고 칭찬하면 하나님께서 우리의 입술의 고백대로 복을 주시는 것입니다.

그러므로 우리는 믿음으로 행하는 법을 삶 속에서 훈련해야 합니다. 날마다 "믿음으로 살겠습니다."라고 결심해야 합니다. 믿음 위에서 긍정적으로 생각하고, 긍정적으로 보고, 긍정적으로 듣고, 긍정적으로 말하고, 긍정적으로 행동하도록 노력해야 합니다.

부정적이고 원망하고 불평하고 늘 섭섭하다고 말하는 사람과 어울리다 보면 자신도 모르게 물들게 됩니다. 예로부터 "먹을 가까이하면 검어진다."고 했습니다. 그러므로 우리는 부정적인 사람을 만나더라도 그 말에 동조하지 않을 뿐만 아니라 오히려 "긍정적인 생각을 하세요."라고 권면해 주어야 합니다. 그렇게 해야 그 사람도 변화를 받아 하나님의 은혜와 축복을 받을 수 있습니다. 입만 열면 불평하는 것도 습관입니다. 그런 습관은 자신의 삶을 자꾸 어려움에 가두어 놓는 것입니다. 자신의 입술의 고백으로 말미암아 자꾸 문제가 생겨나고 어려움이 다가오고 고통이 다가오는 것입니다.

어떤 분은 "저는 겨울만 되면 감기를 달고 살아요. 작년에도 감기 걸렸고 재작년에도 감기 걸렸어요. 올해도 감기를 달고 살 거예요."라고 입버릇처럼 말합니다. 그런 분들을 보면 저는 "네 믿은 대로 될지어다"(마 8:13)라는 성경 말씀이 떠오릅니다. 뿐만 아니라 성경은 "사람은 입의 열매로 인하여 복록을 누리거니

와"⁽잠 13:2⁾라고 말씀합니다. 그러므로 이왕이면 "제가 작년에는 감기 걸렸지만 올해는 감기 안 걸리고 건강하게 보낼 것입니다."라고 긍정적으로 말해야 합니다. 절대 긍정의 믿음 위에서 우리의 생각과 말을 절대 긍정의 생각과 말로 바꾸어야 합니다.

얼마 전에 신종인플루엔자가 전 세계적으로 유행했습니다. 어느 교회는 이 때문에 교인이 줄었다고 합니다. 그런데 감사하게도 우리 교회 교인들은 전혀 동요하지 않았습니다. 성령이 충만하니까 신종인플루엔자가 왔다가 그냥 도망가 버린 것입니다. 저는 우리 교회 성도들의 믿음이 대단하다는 것을 다시 한 번 알게 되었습니다. 이처럼 우리는 믿음으로 행하고 믿음으로 살아야 합니다. 날마다 믿음으로 "나는 주님 안에서 기쁘다. 감사하다. 건강하다. 오늘도 좋은 일이 일어난다."라고 긍정적인 고백을 해야 합니다.

셋째, 굳센 믿음을 가지려면 '주 안에 믿음의 뿌리를 내려야' 합니다.

"그 안에 뿌리를 박으며"⁽골 2:7⁾

주 안에 믿음의 뿌리를 내려야 한다는 말은 우리의 믿음이 그만큼 깊어져야 한다는 말입니다. 깊게 뿌리를 내릴수록 우리의 믿음은 더 굳건해지기 때문입니다. 에베소서 3장 17절에서도 "믿음으로 말미암아 그리스도께서 너의 마음에 계시게 하시옵고 너희가 사랑 가운데서 뿌리가 박히고 터가 굳어져서"라고 말씀합니다. 그러므로 우리는 주 안에 믿음의 뿌리를 깊이 내려 탄탄한 믿음의 역사를 이뤄나가야 할 것입니다.

넷째, 굳센 믿음을 가지려면 '주 안에 세움을 받아야' 합니다.

"세움을 받아" (골 2:7)

뿌리를 내린 다음에는 굳센 믿음으로 세워져야 합니다. 즉, 어떤 시련과 역경, 환란과 핍박이 다가와도 흔들리지 않는 견고한 믿음의 사람으로 세워져야 합니다.

빌립보서 4장 1절에서도 "그러므로 나의 사랑하고 사모하는 형제들, 나의 기쁨이요 면류관인 사랑하는 자들아 이와 같이 주 안에 서라"고 말씀합니다. 즉, 우리가 세움을 받되 주 안에 서야 한다는 것입니다. 이와 같이 우리가 주님 안에 굳건히 요동하지 않고 서 있으면 하나님께서는 우리의 믿음을 더 자라나게 하시고 삶에 놀라운 축복을 내려 주십니다.

또한 에베소서 2장 22절은 "너희도 성령 안에서 하나님이 거하실 처소가 되기 위하여 그리스도 예수 안에서 함께 지어져 가느니라"고 말씀합니다. 여기서 '지어져 간다'는 것은 '자라난다'는 것입니다. 우리가 주 안에 서 있으면 성령 안에서 하나님이 거하실 처소로 든든하게 자라가게 됩니다. 마치 걷지도 못하고 어머니 품에 안겨 젖만 먹던 갓난아이가 돌 지나면 걷고, 조금 더 크면 스스로 밥도 먹고, 조금 더 크면 학교 가서 공부도 하고, 조금 더 크면 자기 앞가림을 다 하고, 그러다 어느 날 불쑥 누군가를 데려와 같이 살겠다고 하고, 그래서 결혼을 시키고 나면 자녀를 낳고 사는 것과 같습니다. 갓난아이가 이렇게 성장하면서 열매를 맺어 가듯 우리의 믿음도 자라나고 열매를 맺어야 합니다.

여의도순복음교회 역시 처음에는 5명으로 출발하였는데 점점 열매를 맺고 자라나 78만의 성도를 섬기는 세계 최대 교회로 부흥하게 되었습니다. 2010년 1월 1일부터 20개의 지성전을 제자 교회로 독립시켜 36만 성도를 나눠 주었는데도 아직 43만 명의 성도가 있습니다. 최근에 한국 교회의 부흥사 목사님들이 조용기 목사님께 신년 인사를 하러 오셨는데, 목사님께서 이런 말씀을 하셨습니다. "우리 여의도순복음교회는 40만을 나눠 줬으니 40만을 더 부흥시킬 것입니다." 이처럼 하나님의 교회는 자꾸 자라나야 합니다.

다섯째, 굳센 믿음이 되기 위해서는 '말씀 중심의 삶'이 되어야 합니다.

"교훈을 받은 대로"(골 2:7)

우리는 '교훈', 즉 '하나님의 말씀'대로 믿음 생활을 해야 합니다. 이 말씀이 믿음의 재료입니다. 우리는 말씀으로 믿음을 튼튼히 세워나가야 합니다. 교회의 모든 성경 교육 프로그램에 참석하여 열심히 공부할 뿐만 아니라 개인적으로도 성경을 읽어야 합니다. 그래서 말씀으로 자신을 훈련시키고 자신의 부족한 점이 무엇인지를 살피고 고쳐야 합니다. 말씀은 자신을 들여다보는 '거울'입니다.

어느 교회에 가면 목사님이 설교하시기 전에 보는 거울이 있다고 합니다. 얼굴이나 옷매무새를 보기 위해서가 아니라 자신의 마음을 들여다보기 위해 일부러 갖다 놓은 거울이라고 합니다. 목사님은 설교하시기 전에 이 거울을 보면서 '내가 과연

하나님 앞에 바로 서 있는가?' 하고 자신을 살펴보신다고 합니다.

말씀의 거울을 통해 자신을 들여다보면 말씀이 깨달음을 줍니다. '그렇게 하면 안 된다. 이 길로 가라. 하나님이 기뻐하시는 모습이 이것이다.'라는 식으로 가르쳐 줍니다. 예를 들면 화가 나서 소리 지르려고 할 때 성경을 탁 펴서 "항상 기뻐하라" (살전 5:16)는 구절을 보면 '아, 내가 이러면 안 되겠구나.' 하고 깨닫게 됩니다. 부부 싸움을 자주 하는 분들도 다툴 기미가 보이면 이 말씀을 탁 펴고 "여보, '항상 기뻐하라'고 하시잖아요. 우리 기쁘게 지내요."라며 화목한 분위기를 만들어 가야 합니다.

하지만 말씀을 인용하더라도 다른 의도로 인용해서는 안 됩니다. 문득 어릴 때 동생을 괴롭혔던 생각이 납니다. 동생이 저와 싸우다 져서 막 울면 저는 "울어도 못하네."라며 찬송가 343장을 부르며 약을 올렸습니다. 그러면 동생은 화가 나서 더 세게 울며 쫓아오고, 저는 "열심히 울어도 못하네. 눈물 많이 흘려도……."라며 더 약을 올리며 달아났습니다. 지금 돌아보면 동생에게 참 미안합니다. 그나마 싸워도 찬송가를 부르며 싸웠던 것이 다행이긴 하지만, 그래도 말씀이나 찬송가를 이런 식으로 인용하면 곤란합니다. 그런데 엉엉 울면서 쫓아오던 그

동생이 지금은 아프리카 케냐의 뭄바사(Mombasa)에서 선교사로 섬기고 있습니다. 한국인이 한 명도 없고 모슬렘만 있는 지역에서 교회 사역과 학교 사역을 하고 있는데, 감사하게도 많은 사람들이 구원을 받고 있습니다.

여섯째, 굳센 믿음이 되려면 '감사함이 넘치는 삶'을 살아야 합니다.

"믿음에 굳게 서서 감사함을 넘치게 하라" (골 2:7)

믿음이란 나의 시각을 바꾸는 것입니다. 제가 어느 날 믿음에 관해 묵상을 하면서 기도할 때 주님께서 이런 깨달음을 주신 적이 있습니다.

'믿음은 과거를 이야기하지 않는다.'

즉, 믿음은 상처 입은 과거, 잘못한 과거, 부족했던 과거, 실패했던 과거, 버림받았던 과거, 남에게 무시당하고 짓밟히고 억울한 일을 당했던 과거에 얽매이지 않습니다. 우리가 믿음 안에서 기억해야 할 유일한 과거는 "예수님이 날 위해 죽으셨다."라는 '십자가 사건'밖에 없습니다. 그러므로 과거의 상처가 나를 괴롭힐 때 "그것은 나와 아무 상관이 없다.", "이전 것

은 지나갔으니 보라 새것이 되었도다(고후 5:17)"라고 선포해야 합니다.

이와 같이 믿음은 과거를 바라보는 나의 시각을 바꾸는 것입니다. 그렇다면 어떠한 시각으로 바꾸는 것일까요? 바로 '감사'라는 시각입니다. 예수 그리스도의 십자가 대속을 진정으로 믿고 경험했다면 그것을 기점으로 과거를 보는 시각은 감사로 바뀔 수밖에 없습니다. 고집불통이고 고약하고 교만하고 부족한 것 투성이인 내가 하나님의 자녀가 되고 직분자가 되어 교회를 섬기게 된 은혜를 생각한다면 그저 감사할 수밖에 없을 것입니다. 그렇기 때문에 믿음이 있는 사람은 부정적인 과거에 얽매이지 않습니다. 그 대신 모든 일에 감사할 뿐입니다. 자신의 과거가 부정적이면 부정적일수록 더 하나님의 은혜에 감사하게 되는 것입니다. 결국 '믿음의 사람'은 '감사의 사람'입니다. 믿음과 감사는 하나요, 분리되지 않습니다.

믿음은 '과거'를 돌아보며 '감사'할 뿐 아니라, '미래'를 바라보면서 '소망'을 갖고 꿈을 꾸는 것입니다. 그리고 '현재' 그 꿈이 이루어지기 위해 열심히 '사랑'을 실천하는 것입니다. 내일의 꿈은 그냥 이루어지는 것이 아닙니다. 오늘 내가 그 꿈을 바라보면서 선한 사랑의 씨를 뿌릴 때 장차 풍성한 사랑의 열매들을 거둘 수 있는 것입니다. 우리 교회가 구제하고 선교하고 나누어 주는 사랑의 실천을 더욱더 많이 하기를 바랍니다. 사랑과행복나눔 재단이 한국을 변화시키는 사랑과 섬김의 재단이 되어 소외되고 불쌍하고 병들고 문제 있는 사람에게 사랑을 실천하여 하나님의 큰 기적을 이루기를 바랍니다. '믿음'과 '소망'과 '사랑'은 이렇게 연결됩니다. 그러므로 "하나님, 내가 믿음의 사람으로 살기 원합니다. 뒤를 돌아보면서 언제나 감사하고, 내일을 바라보면서 늘 거룩한 꿈을 꾸고, 오늘 그 꿈을 이루기 위해서 사랑을 실천하며 살게 하소서."가 여러분의 삶의 목표가 되시기를 바랍니다.

또한 우리는 '범사'에 감사하는 믿음의 사람이 되어야 합니다. "범사에 우리 주 예수 그리스도의 이름으로 항상 아버지 하나님께 감사하며"(엡 5:20). 교회에서 예배드릴 때뿐만 아니라 우리의 삶 전체가 믿음으로 감사하는 삶이 되어야 합니다. 가정에서, 직장에서, 부부 간에, 부모 자식 간에 신앙의 본을 보여야 합니다. 그래서 자녀들로부터 "나는 우리 부모님을 참 존경해요. 이분들처럼 믿음으로, 감사로 사는 분을 본 적이 없어요."라는 고백을 들으실 수 있기를 바랍니다. 이런 부모님들은 이미 모든 축복을 다 받은 것입니다. 자녀들이 부모님을 존경하고 부모님

을 사랑하는데 무엇이 부족하겠습니까? 이와 같이 우리의 삶이 범사에 감사하는 삶이 되어야 하겠습니다.

발명왕 토머스 에디슨(Thomas A. Edison)은 청각 장애인이었습니다. 그가 청각 장애를 얻게 된 것은 소년 시절 열차에서 굴러 떨어졌기 때문입니다. 한번은 에디슨이 열차 안에서 실험을 하다가 실험 기구를 떨어뜨려 불을 내었습니다. 그러자 화가 난 열차 승무원이 그를 열차 밖으로 내던졌는데 그때 고막이 찢어져 듣지 못하게 된 것입니다. 훗날에 발명왕이 된 그에게 사람들이 "귀가 들리지 않아서 실험과 연구에 불편함이 없었습니까?"라고 물었습니다. 그때 그는 이렇게 답했습니다. "나는 귀가 잘 안 들리는 것 때문에 낙심하거나 실망하지 않았습니다. 오히려 아무것도 들리지 않았기 때문에 연구에 몰두할 수 있어서 감사했습니다."

에디슨은 자신을 밀어뜨린 열차 승무원을 원망하지 않았습니다. 자신의 과거에 대해 불평하지도 않았습니다. 오히려 청각 장애라는 자신의 역경을 성공의 발판으로 삼았습니다. 그것은 자신의 과거를 '감사'라는 시각으로 보았기 때문입니다.

한편 "아무것도 들리지 않기 때문에 연구에 몰두할 수 있었다."라는 에디슨의 말을 우리는 한번 생각해 보아야 합니다. 우리는 남의 말에 민감합니다. "누가 당신 흉을 본다더라."는 식으로 직접 듣거나 확인되지 않은 사실을 말하는 소위 '카더라 방송'에 쉽게 흔들리는 경우가 많습니다. 그래서 낙심이 되어 하던 일을 중단하기까지 합니다. 하지만 이런 경우에는 동요하지 마시고 "못 들은 것으로 하겠습니다."라고 말하십시오. 부정적인 이야기는 못 들은 것으로 해야 합니다. 우리는 늘 감사하고 기뻐하고 긍정적인 이야기만 듣고 전하는 사람이 되어야 합니다.

미국의 26대 대통령인 시어도어 루즈벨트(Theodore Roosevelt)는 늘 안경을 2개씩 갖고 다녔습니다. 하나는 가까운 데를 보는 돋보기였고, 다른 하나는 보통 안경이었습니다. 1912년 10월14일 그는 밀워키에서 선거 유세를 하던 중 슈랭크(John F. Schrank)라는 사람이 쏜 총에 맞았습니다. 그는 쓰러졌고 연설장은 아수라장이 되었습니다. 경호원들과 보좌관들은 쓰러진 그를 일으켜 병원으로 호송하려 했습니다. 그러나 그는 단 위에 올라가 90분에 달하는 연설을 끝까지 하고 내려왔습니다. 나중에 병원에 가서 알아보니 총알이 양복 안쪽에 넣어둔 철제 안경집과 50쪽에 달하는 연설문 원고를 관통했습니다. 그랬기 때문에 총알이 가슴에 박히기는 했지만 치명적인

상처는 피할 수 있었던 것이었습니다. 루즈벨트 대통령은 이 사건 후에 "항상 나는 안경을 2벌씩 가지고 다니는 게 불편해서 불평했습니다. 하지만 돌아보니 이것이 얼마나 감사한 일인지 모르겠습니다."라고 말했다고 합니다.

때때로 우리의 삶 가운데에는 불편한 것이 있습니다. 이것에 대해 불평한다고 달라질 것이 없습니다. 하지만 감사하면 우리가 겪는 불편함이 축복으로 변화됩니다. 문제와 어려움을 당해도 감사하면 감사가 우리의 삶과 운명을 바꾸어 놓습니다. 그러나 감사를 모르는 사람들은 좋은 것을 받고도 늘 불평을 합니다.

멕시코에 가면 온천과 냉천이 같이 솟아오르는 마을이 있습니다. 그래서 그 동네 아낙네들은 뜨거운 물에서 옷을 빨고 찬물에서 헹군다고 합니다. 한번은 그곳을 방문한 관광객이 감탄을 하며 말했습니다. "이 동네 사람들은 찬물과 더운 물을 이렇게 마음대로 쓸 수 있으니 감사가 절로 나오겠네요." 그러자 관광 가이드는 손사래를 치며 말했습니다. "이 마을 사람들은 뜨거운 물과 차가운 물을 주시는 하나님이 왜 비눗물은 안 주시느냐고 불평한답니다."

이는 물에 빠진 사람 건져 놓으니 봇짐 내놓으라고 하는 격입니다. 우리 믿음의 사람들은 이러한 옛 모습을 벗어나 차원 높은 감사의 삶을 살아야 합니다. 감사로 훈련 받은 사람은 어떤 환난과 어려움을 당해도 감사합니다.

　제가 미국에서 목회할 때 교회와 성도들을 헌신적으로 섬기는 한 집사님이 계셨습니다. 하루는 이분이 교차로에 있는 횡단보도를 건너다가 신호 위반을 한 차에 치이는 사고를 당했습니다. 그래서 제가 병원에 심방을 갔는데 그 집사님은 "하나님의 은혜에 감사해요. 더 크게 다치지 않고 이 정도만 다친 것이 참 감사해요. 며칠만 있으면 괜찮아진대요."라고 말하는 것이었습니다. 보통 사람 같으면 "아니, 내가 이렇게 열심히 교회를 섬기고 봉사를 하는데 하필이면 신호 위반 차량이 왜 나를 받습니까? 하나님도 무심 하시지."라고 말했을 것입니다. 하지만 이 집사님은 믿음의 사람인 까닭에 병상에서도 감사할 뿐만 아니라 퇴원해서도 이전보다 더 교회를 위해 수고하며 섬겼습니다. 이 모습에 목회자인 저도 깊은 감명을 받았습니다.

　이것이 믿음의 사람의 모습이요, 감사함이 넘치는 삶입니다. 믿음의 사람은 아파도 감사하고, 어려워도 감사하고, 답답해도 감사하고, 슬퍼도 감사합니다. 어떤 환경과 조건 속에서도 감사를 잃지 않습니다. 그렇기 때문에 R. A. 토레이(Torey)

목사님은 "성령 충만이 곧 감사 충만이다."라고 말했습니다. 여러분 모두가 이와 같이 감사함이 넘치는 믿음의 삶, 성령 충만의 삶을 사시기를 주님의 이름으로 축원합니다.

그 안에는 신성의 모든 충만이 육체로 거하시고
골 2:9

7

*Jesus Christ,
the hope of glory*

일곱 번째 광주리

그리스도인의
충만한 삶

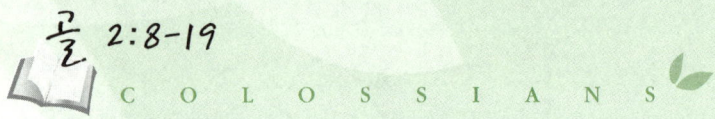

골 2:8-19
COLOSSIANS

누가 철학과 헛된 속임수로 너희를 사로잡을까 주의하라 이것은 사람의 전통과 세상의 초등학문을 따름이요 그리스도를 따름이 아니니라 그 안에는 신성의 모든 충만이 육체로 거하시고 너희도 그 안에서 충만하여졌으니 그는 모든 통치자와 권세의 머리시라 또 그 안에서 너희가 손으로 하지 아니한 할례를 받았으니 곧 육의 몸을 벗는 것이요 그리스도의 할례니라 너희가 침례로 그리스도와 함께 장사되고 또 죽은 자들 가운데서 그를 일으키신 하나님의 역사를 믿음으로 말미암아 그 안에서 함께 일으키심을 받았느니라 또 범죄와 육체의 무할례로 죽었던 너희를 하나님이 그와 함께 살리시고 우리의 모든 죄를 사하시고 우리를 거스르고 불리하게 하는 법조문으로 쓴 증서를 지우시고 제하여 버리사 십자가에 못 박으시고 통치자들과 권세들을 무력화하여 드러내어 구경거리로 삼으시고 십자가로 그들을 이기셨느니라 그러므로 먹고 마시는 것과 절기나 초하루나 안식일을 이유로 누구든지 너희를 비판하지 못하게 하라 이것들은 장래 일의 그림자이나 몸은 그리스도의 것이니라 아무도 꾸며낸 겸손과 천사 숭배를 이유로 너희를 정죄하지 못하게 하라 그가 그 본 것에 의지하여 그 육신의 생각을 따라 헛되이 과장하고 머리를 붙들지 아니하는지라 온 몸이 머리로 말미암아 마디와 힘줄로 공급함을 받고 연합하여 하나님이 자라게 하시므로 자라느니라

많은 사람들이 예수를 믿고 나서도 하나님께서 허락해 주신 풍성한 은혜와 축복을 누리지 못하는 경우가 있습니다. 이미 다 주셨는데도 그것을 알지 못하기 때문입니다. 그러므로 우리는 자신이 얼마나 축복받은 존재인지를 먼저 깨달아야 합니다. '알아야' 누릴 수 있기 때문입니다. 꼭 기억하시기 바랍니다. 우리는 '하나님의 축복받은 자녀'입니다.

이 축복은 예수 그리스도를 통하여 우리에게 주어집니다. 이와 같이 예수 그리스도를 통해 우리에게 주어지는 축복을 받아 누리는 것을 '믿음'이라고 말합니다. 그런데 중요한 것은 이 믿음의 '분량'만큼 하나님의 은혜를 누리며 살아갈 수가 있다는 점입니다. 그러므로 우리는 큰 믿음을 가져야 합니다. 큰 믿음을 가지고 주님께서 주신 축복을 누리며 하나님의 영광을 위해서 살아가야 합니다.

1. 거짓 가르침을 경계하라

사도 바울은 우리의 믿음을 방해하고 우리를 낙심시키는 거짓된 가르침을 경계하라고 말씀합니다.

> "누가 철학과 헛된 속임수로 너희를 사로잡을까 주의하라 이것은 사람의 전통과 세상의 초등학문을 따름이요 그리스도를 따름이 아니니라" (골 2:8)

에베소서 5장 6절에서도 "누구든지 헛된 말로 너희를 속이지 못하게 하라 이로 말미암아 하나님의 진노가 불순종의 아들들에게 임하나니"라고 말씀합니다.

예수를 믿고 난 후 우리 삶에는 영적인 도전이 다가옵니다. 하나님의 자녀가 되어서 축복된 삶을 누리며 살아가는 것을 마

귀가 시기하여 공격하는 것입니다. 이러한 공격 중에서도 믿지 않는 사람들의 공격은 비교적 쉽게 이길 수 있습니다. 하지만 거짓된 모습으로 교묘히 다가오는 이단들의 공격은 정신을 차리지 않으면 때때로 그 꼬임에 넘어갈 수 있습니다. 그러므로 우리는 믿는 자들을 넘어뜨리려고 다가오는 이단들을 경계해야 합니다.

당시 골로새 교회에 이단들이 몰래 들어와서 성도들을 흔들기 시작했습니다. 이단들은 주로 믿음이 약한 성도들, 아무것도 아닌 일에 시험이 잘 드는 성도들, 예배 시간에 은혜 받는 데 집중하지 못하고 항상 생각이 다른 곳으로 가 있는 '구경꾼 성도들'에게 접근합니다. 이들을 어떻게 잘 알아내는지 이런 사람들에게 먼저 다가와 유혹합니다.

제가 워싱턴에 있을 때였습니다. 그 지역의 '여호와의 증인' 대표가 되는 사람의 집에 초청을 받아 저녁 식사를 한 적이 있습니다. 그 내외분은 대학 교수이자 박사로 세상적으로는 모든 것을 갖춘 분이었습니다. 그런데 식사가 끝나자 속마음을 드러내며 다음과 같이 말하는 것이었습니다.

"저희도 옛날에 교회를 다녔습니다. 그러다가 여기 와서 진리를 발견하게 되었습니다."

목사인 저를 설득시키려고 새벽 1시가 넘도록 집에 못 가게 붙잡고 있는 것이었습니다. 아는 분이었기 때문에 식사 초대에 응했지만 결과적으로는 밥 한 끼 잘못 얻어먹어서 새벽 1시까지 붙잡혀 있게 된 셈이었습니다.

그런데 이단들의 특징은 자기 얘기만 한다는 점입니다. 잘못된 부분을 가르쳐 주려고 하면 듣지를 않습니다. 이 내외분들도 제가 무언가를 설명하려고 하면 "아, 제 말 먼저 들으세요."라며 자꾸 자기 말만 하는 것이었습니다. 또한 이들의 특징은 인간의 생각으로 성경을 풀이하려는 것입니다. 이들은 이런 식으로 믿음 약한 사람들을 흔들어 예수님으로부터 떠나게 만듭니다. 이것이 이단의 목표입니다.

그러므로 여러분들이 신앙생활 할 때 주변에 시험에 잘 드는 사람, 믿음 약한 사람, 상처받은 사람, 믿음이 잘 자라지 않는 사람, 남의 얘기를 무조건 잘 듣는 사람들을 잘 지켜보아야 합니다. 특별히 구역장님들이 이런 일을 잘 해야 합니다. 구역 식구 중에 약한 사람은 없는지, 시험에 든 사람은 없는지, 섭섭해 하는 사람은 없는지 잘 살펴보아야 합니다. 신앙생활을 하다 보면 아무것도 아닌 일에 섭섭할 때가 있습니다. 구역장님들은 그런 일이 생기지 않도록 늘 영적으로 잘 보살펴 주어야 합니다.

골로새 교회에 들어온 이단 중 하나는 율법을 지켜야 구원을 받는다는 '율법주의'였습니다.

본래 은혜를 받지 못하면 행위로 가게 되어 있습니다. 은혜 받고 너무 기쁘고 감사해서 주님을 섬겨야 되는데, 은혜를 못 받으면 그냥 열심히 일하는 행위로 은혜를 대체하려고 합니다. 그래서 열심히 봉사하다가도 인정과 칭찬을 받지 못하면 어느 날 시험에 들어 교회를 떠나는 것입니다.

은혜 받고 감사해서 봉사를 해야지 봉사하는 것으로써 은혜를 대신하려고 하면 굉장히 위험합니다. 교회는 은혜 받은 사람이 기쁨으로 주님을 섬기는 곳입니다. 열심히 일하는 것을 통해 만족함을 얻으려는 것은 얼마 못 가 무너지게 되어 있습니다. 기초를 잘못 쌓았기 때문입니다. 우리의 신앙의 기초는 행위가 아니라 은혜입니다. 주님의 은혜에 너무 감사해서 찬송가 356장의 가사처럼 "나 무엇 주님께 바치리까?"라는 심정으로 자원하여 섬기는 것이 진정한 봉사입니다.

특별히 바라기는 교회학교에 이러한 분들이 많이 지원했으면 좋겠습니다. 교회학교 부흥을 위해 많은 선생님들이 필요합니다. 많은 젊은 선생님들이 와서 자신이 받은 은혜를 학생들에게 나누어 줄 때 교회의 미래가 밝아집니다. 받은바 은혜를 가지고 학생들을 돌볼 때 하나님께서 영광을 받으시고 학생들뿐만 아니라 가르치는 선생님에게도 큰 복이 임하는 것입니다. 저 역시 청년 시절에 교회학교 교사로 섬겼는데 주님께서 많은 은혜를 주셨습니다.

또한 골로새 교회에 들어온 이단 중에는 '천사 숭배'와 '영지주의'가 있었습니다. 천사 숭배는 말 그대로 천사를 숭배하는 신비주의 사상입니다. '영지주의'는 이 세상을 선과 악, 정신과 물질과 같이 두 개로 나누어 생각하는 이원론(二元論)적인 사상으로, '정신은 선하고 물질은 악하다.'고 주장했습니다. 그렇기 때문에 이들은 예수님이 육체, 즉 물질로 오신 것을 믿지 않았습니다. 예수님의 성육신 사건을 부인한 것입니다. 초대교회 당시 이러한 잘못된 사상이 교회를 어지럽혔습니다. 그래서 골로새서 외에도 바울서신 여러 곳과 요한서신인 요한일서, 요한이서, 요한삼서에 이를 지적하고 경계하는 대목이 나오는 것입니다.

우리나라에도 많은 이단들이 있습니다. 앞에서도 말씀드렸지만 자칭 '예수'가 38명이나 되고 자칭 '보혜사'도 있다고 합니다. 문제점들이 눈에 훤히 보이는 이단 사상에도 수천, 수만 명이 몰려간다는 것은 정말 충격적인 일입니다. 그런데 이단에 미혹된 사람 중 대다수가 교회 다니다가 믿음이 약해 시험에 든 사람들입니다. 이들은 믿음에 뿌리가 없이 그저 바람 부는 대로 따라다니는 사람들입니다. "여기에 뭐가 있다!" 하면 이리 몰려가고 "저기에 뭐가 있다!" 하면 저리 몰려가는 사람들입니다. 이런 신앙은 십중팔구 잘못될 수가 있습니다.

우리는 오직 자신이 속한 교회를 통해 예수님만 바라보고 예수님만 의지하고 예수님만 닮아 가야 합니다. 이렇게 할 때 예수님이 우리의 모든 것을 책임져 주십니다.

2. 하나님의 충만하심이 그리스도에게 함께함

사도 바울은 하나님의 충만하심이 그리스도에게 함께한다고 말했습니다.

> "그 안에는 신성의 모든 충만이 육체로 거하시고 너희도 그 안에서 충만하여졌으니"(골 2:9-10)

육신으로 이 땅에 오신 예수님은 하나님의 모든 충만하심으로 충만하셨습니다. 비록 예수님은 육신을 입고 계셨지만 '신성'으로 충만하셨습니다. 쉽게 말하면 예수님은 100% 인간이셨지만, 100% 하나님이셨습니다. 사도 바울이 이 말을 하는 이유는 당시 골로새 교회에 들어온 이단 중에는 예수님의 인성을 부인하는 자들뿐만 아니라 예수님의 신성을 부인하는 자들도 있었기 때문입니다. 사도 바울은 이들에게 예수님은 '완전한 인간'이시자 '완전한 하나님'이시라는 것을 분명히 밝히고 있습니다. 예수님께서 하나님의 신성으로 충만하시다면 이 예수님을 모신 우리 역시 이러한 충만을 누릴 수 있습니다. 그러므로 우리는 예수님을 모시고 예수님 안에 거하여 하나님의 모든 충만하심을 경험하고 누려야 합니다.

3. 모든 통치자와 권세의 머리 되신 그리스도

"그는 모든 통치자와 권세의 머리시라" (골 2:10)

예수님께 하나님의 충만하심이 함께하신 결과는 무엇일까요? 예수님께서 '세상의 모든 통치자와 권세의 머리'가 되신다

는 것입니다. 세상의 통치자와 권세를 포함한 모든 만물은 예수님을 통해 그리고 예수님을 위해 창조되었습니다(골 1:16). 빌립보서 2장 9절부터 10절에서도 예수님의 능력이 어떠한지 또한 하나님께서 어떻게 예수님을 높여 주셨는지에 대해 다음과 같이 말씀합니다.

"이러므로 하나님이 그를 지극히 높여 모든 이름 위에 뛰어난 이름을 주사 하늘에 있는 자들과 땅에 있는 자들과 땅 아래 있는 자들로 모든 무릎을 예수의 이름에 꿇게 하시고".

그러므로 세상의 어떤 통치자와 권세도 예수님을 대적할 수 없습니다. 예수님은 만왕의 왕, 만주의 주가 되시기 때문입니다. 이 예수님만 의지하고 나아가면 두려울 것이 없습니다. 우리가 갖고 있는 위대한 힘은 바로 '예수 그리스도의 이름'입니다. 나사렛 예수 그리스도의 이름으로 명하면 질병과 염려, 근심이 떠나갑니다. 예수님만 의지하고 나아가면 더럽고 악한 귀신이 두려워 떱니다. 혼비백산하여 떠나가 버립니다.

또한 우리는 예수 그리스도의 보혈의 능력으로 치료함을 받을 수 있습니다. 그러므로 우리가 가진 위대한 무기인 '예수님의 이름'과 '예수님의 보혈' 그리고 '하나님의 능력의 말씀'을 들고 나가면 어떤 영적 전쟁에서도 백전백승할 수 있습니다.

4. 그리스도 안에서 그리스도인의 충만함

우리 그리스도인들은 예수님 안에서 '충만한 삶'을 살아야 합니다. 부족한 삶을 살지 말고 넘치는 삶을 살아야 합니다. 삶의 모든 면에서 충만해지기를 사모해야 합니다. 아울러 우리의 넘치는 것을 나누어 주는 삶을 살아야 합니다.

물이 없어 고통당하는 아프리카 사람들을 생각해 보십시오. 그곳 사람들은 물이 너무 귀해서 우리가 쓰는 밥그릇보다 조금 큰 그릇에 물을 담아 그것으로 세수하고 샤워까지 합니다. 샤워를 한다기보다 물을 찍어 바른다는 표현이 더 맞을 것입니다. 그마저도 일주일에 한 번밖에 못 하며 샤워할 물 한 공기도 외부에서 봉사하러 오는 손님에게나 주는 것입니다. 그곳 사람들은 거의 샤워를 못 하기 때문에 비 올 때 비 맞는 것이 유일한 샤워라고 합니다. 여기에 비하면 마음껏 물을 사용할 수 있는 우리 삶이 얼마나 감사한지 모릅니다.

우리는 언제나 부족함이 없는 '은혜의 강가'에 삽니다. 이

지구상에는 메마른 땅도 있고 물이 풍족한 땅도 있습니다. 하지만 예수님 안에 있으면 언제나 풍성한 은혜의 강가에 머물러 있게 되는 것입니다.

그런데 우리가 그리스도 안에서 충만함 삶을 살고자 할 때 잊지 말아야 할 중요한 사실이 있습니다.

첫째, 우리는 '그리스도 안에서' 충만하게 됩니다. 우리 스스로 충만해지는 것이 아닙니다.

"너희도 그 안에서 충만하여졌으니" (골 2:10)

이는 굉장히 중요한 말씀입니다. 우리 힘으로 충만해진 것이 아니라 그리스도 안에서, 그리스도의 힘으로, 그리스도의 도우심으로 충만해진다는 것입니다.

둘째, 이 충만함은 '그리스도를 믿고 하나님의 자녀가 될 때' 주어집니다.

"또 그 안에서 너희가 손으로 하지 아니한 할례를 받았으니 곧 육의 몸을 벗는 것이요 그리스도의 할례니라" (골 2:11)

'할례'는 '벗어버리다', '제거하다', '포기하다'는 의미를 담고 있습니다. 이것은 영적으로 우리가 옛 사람의 모습을 잘라 버리고 새롭게 변화되어 다시 태어났음을 말해 줍니다. 그러므로 우리가 예수 믿고 새 사람이 될 때 이러한 충만함 가운데 거할 수 있는 것입니다.

셋째, 충만함에 들어가려면 '그리스도와 함께 죽고 그리스도와 함께 부활하는 단계'를 거쳐야 합니다.

> "너희가 침례로 그리스도와 함께 장사되고 또 죽은 자들 가운데서 그를 일으키신 하나님의 역사를 믿음으로 말미암아 그 안에서 함께 일으키심을 받았느니라"(골 2:12)
> "허물로 죽은 우리를 그리스도와 함께 살리셨고 (너희는 은혜로 구원을 받은 것이라)"(엡 2:5)

이것은 침례를 통해 이해할 수 있습니다. 우리가 침례 받을 때 물속에 완전히 잠기는 것은 우리의 옛 사람이 예수님과 함께 완전히 죽었음을 의미합니다. 그리고 물에서 다시 나오는 것은 우리가 새 사람으로 거듭났음을 말합니다. 이와 마찬가지로 우리가 예수 믿고 새 사람이 되어서 하나님의 풍성하신 그

에밀 라누(Emile Renouf) 〈돕는 손〉

축복 속에 들어가는 첫 번째 단계는 내가 먼저 죽는 것입니다. 두 번째 단계는 주님과 함께 부활의 영으로 다시 사는 것입니다. '예수 죽음 내 죽음, 예수 부활 내 부활, 예수 승리 내 승리'라는 말처럼 주님과 함께 죽고 함께 살면 주님이 우리 일생을 돌보아주시고 함께하십니다.

프랑스의 화가 에밀 라누(Emile Renouf)의 '돕는 손'이라는 그림이 있습니다. 그림을 보면 어린 소녀와 할아버지가 함께 노를 젓고 있습니다. 노를 젓는 소녀의 얼굴은 매우 진지합니다. 그러나 어린 소녀가 무거운 노를 저을 수 있겠습니까? 실제로 노는 할아버지가 젓는 것이고 소녀는 손만 올려놓은 것입니다. 할아버지가 노를 한 번 탁 당기면 배가 쭉 나가는데, 소녀는 자기 힘으로 당긴 줄 알고 "야, 배가 잘 나가네!" 하며 좋아합니다. 할아버지는 씽긋이 웃으시며 "그래, 너 참 힘이 세구나." 하면서 계속 노를 탁탁 당겨 줍니다.

그 어린 소녀가 바로 우리입니다. 우리 옆에서 진짜 인생의 노를 붙잡고 계신 분은 예수님이십니다. 그러므로 우리가 발버둥 쳐도 주님이 도와주시지 않으면 안 됩니다. 어린아이들의 특징이 "내가 할게, 내가 할게." 입니다. 하지만 실제로는 다 깨고 엎지르는 등 일을 그르치기만 합니다. 그런데도 자기가 하겠다고 몸부림을 칩니다. 우리의 모습이 이와 같습니다. 어린아이는 옆에서 돌보는 부모님이 계셔야 험한 세상을 살아갈 수 있습니다. 마찬가지로 우리 영적인 자녀들은 주님이 함께하셔야 고난의 바다를 헤쳐 나갈 수 있습니다. 주님이 탁탁 노를 저어 주셔야 쭉쭉 뻗어나갈 수 있습니다.

그러므로 우리는 "주님, 저와 함께하여 주옵소서. 제 인생의 노가 너무나 힘들어 저을 수 없사오니 주님이 그 노를 저어 주시옵소서." 하며 인생의 노를 주님께 맡겨야 합니다. 사업하

시는 분들은 "주님, 제 사업이 아니라 주님의 사업입니다. 주님께 맡기오니 제 사업의 노를 저어 주시옵소서."라며 사업의 노를 주님께 맡겨야 합니다. 그러면 하나님께서 사업의 노를 척척 저어서 사업이 쭉쭉 뻗어나가게 해 주십니다.

속 썩이는 자녀들 때문에 상심하는 부모님들이 많습니다. 자녀가 속 썩인다고 아무리 소리 질러 봐야 목 아프고 감정만 상하고 관계가 악화될 뿐입니다. 그럴 때는 주님을 의지하면서 기도해야 합니다. "우리 아이를 주님께 맡깁니다. 아이가 사춘기가 되다 보니 사소한 것 가지고 대들며 제 마음을 아프게 합니다. 주님, 이 아이를 긍휼히 여겨 주옵소서. 아이의 인생의 노를 주님 손에 올려 드립니다. 주님이 대신 저어 주시옵소서." 이렇게 기도하면서 자녀를 양육하면 까다롭고 말 안 듣고 따지던 아이가 예수님의 은혜로 변화되어 부모에게 기쁨을 주는 자녀가 될 것입니다.

사랑하는 여러분, 다시 말씀드리지만 인생의 노를 주님께 맡기십시오. 이것이 믿음입니다. 인생의 모든 풍파를 다 겪은 할아버지가 노를 저어 주시니까 어린 소녀는 손만 얹고 있어도 배가 쭉쭉 나가는 것입니다. 마찬가지로 인생의 슬픔과 고통과 괴로움을 다 체휼하신 우리 주님이 노를 저어 주시면 그 주님의 손만 잡고 있어도 인생의 배가 쭉쭉 나갑니다. 그러므로 인생의 노를 혼자 붙잡고 염려하지 마십시오. 날마다 "맡기고 삽니다."라며 주님께 다 맡기시기 바랍니다. **"너희 염려를 다 주께 맡기라 이는 그가 너희를 돌보심이라"** (벧전 5:7).

넷째, 충만한 삶을 살기 위해서는 '죄 사함의 은혜를 체험해야' 합니다.

우리가 주님께 모든 것을 맡기고 충만한 삶을 살아가는 데 있어 큰 걸림돌이 있습니다. 바로 '죄'입니다. 죄는 우리로 하여금 주님과 단절된 삶을 살도록 만듭니다. 그러나 예수님께서는 우리가 주님과 격리된 삶을 살지 않도록 이 죄의 문제를 해결하셨습니다. 율법의 모든 저주를 지시고 십자가에 못 박히심으로 율법의 정죄를 없애시고 우리의 죄를 없애 버리셨습니다.

"또 범죄와 육체의 무할례로 죽었던 너희를 하나님이 그와 함께 살리시고 우리의 모든 죄를 사하시고" (골 2:13)

그러므로 주님께 맡기는 삶을 살기 위해서는 주님이 우리의 죄를 사하셨다는 것을 잊지 말아야 합니다. 이 죄가 얼마나 끈질기게 우리에게 달라붙어서 괴롭히고 낙심시키고 타락시키

170 • 영광의 소망 예수 그리스도

는지 모릅니다.

그런데 마귀는 우리의 강한 부분은 공격하지 않습니다. 약한 부분을 집중적으로 공격합니다. 예를 들면 혈기 잘 부리는 사람은 자꾸 혈기를 부리게 해 지혜롭지 못하게 말하고 행동하게 합니다. 그럴 때에는 예수님의 보혈의 능력을 의지하면서 찬송을 불러야 합니다. 물론 알기는 하지만 실천하기는 쉽지 않습니다. "아휴, 목사님이 찬송 부르라고 했는데 또 화냈네. 또 소리 질렀네. 또 신경질 냈네. 아, 욱하는 것 때문에……."라고 후회하기 쉽습니다. 그럼에도 불구하고 예수님의 보혈을 의지하면서 자신과 자꾸 싸워야 합니다. 자기 감정을 잘 컨트롤하지 못해서 상처를 주고 관계를 깨뜨리는 우리의 옛 모습을 십자가 밑에 내려놓고 주님을 의지해야 합니다.

물질에 약한 사람, 즉 물질에 대한 욕심을 내려놓지 못한 사람은 자꾸 물질로 시험이 옵니다. 십일조 생활을 잘 하면 절대 시험에 들지 않는데, 이 물질 때문에 고생하는 분들이 있습니다. 이것도 주님께 내려놓아야 합니다.

내 안에 어떤 연약한 부분이 있는지 자기 자신이 잘 알고 있습니다. 성격적으로 잘못된 습관이나 행동이 무엇인지도 잘 알고 있습니다. 그런데 이 사회는 우리가 연약하면 연약한 대로,

잘못된 면이 있으면 잘못된 면이 있는 대로 그렇게 살아가도록 내버려 두지 않습니다. 죄로 물든 세상 속에서 살다 보면 나의 연약함과 고치지 못한 습관이나 행동이 '타락의 연결고리'가 되어 주님을 떠나 살도록 만듭니다. 그러므로 우리가 늘 깨어서 예수님을 의지해야 합니다. 우리 안에 죄가 들어와 문제를 일으키지 못하도록 주님 안에서 더욱더 충만함을 덧입어야 합니다. 날마다 주님의 충만하심을 덧입는 자는 십자가의 능력으로 모든 어려움과 죄의 유혹을 넉넉히 이길 수 있습니다.

다섯째, 충만한 삶을 살기 위해서는 '율법의 정죄에서 벗어나야' 합니다.

"우리를 거스르고 불리하게 하는 법조문으로 쓴 증서를 지우시고 제하여 버리사 십자가에 못 박으시고" (골 2:14)

'법조문'이란 '빚 문서', '채무 증서'를 말합니다. 마치 빚쟁이가 빚을 독촉하듯이 율법은 우리의 죄를 지적하고 정죄했습니다. 그런데 하나님께서는 우리의 죄를 예수님에게 대신 지우시고 십자가에 달려 돌아가심으로 말미암아 율법, 즉 죄의 빚문서를 깨끗이 지워 버리고 없애셨습니다. 그리고 그 율법을

십자가에 못 박으셨습니다. 예수님께서 십자가에 못 박히실 때 하나님께서는 '우리를 거스리고 불리하게 하는 율법'을 십자가에 못 박은 것입니다. 결국 예수님의 십자가 대속을 통해 우리를 향한 율법의 정죄는 무효화되었습니다. 그러므로 우리는 율법의 정죄에서 벗어난 자요, 해방된 자입니다.

"이제 그리스도 예수 안에 있는 자에게는 결코 정죄함이 없나니 이는 그리스도 예수 안에 있는 생명의 성령의 법이 죄와 사망의 법에서 너를 해방하였음이라"(롬 8:1-2).

여섯째, 충만한 삶을 누리려면 '십자가에서의 승리'를 알아야 합니다.

> "통치자들과 권세들을 무력화하여 드러내어 구경거리로 삼으시고 십자가로 그들을 이기셨느니라"(골 2:15)

하나님께서는 십자가 사건을 통해 '통치자들과 권세들', 즉 악한 천사들을 무장 해제시키고 그들의 악함을 드러내셨습니다. 그래서 마치 개선 행진 때 전쟁에서 진 적군 장수를 밧줄에 묶어 끌고 가면서 구경거리로 삼듯이, 패배한 악한 천사들을 구경거리와 조소거리로 삼으셨다는 뜻입니다. 인간의 눈에는 십자가가 패배의 상징으로 보였지만, 하나님께서는 이 십자가를 개선 행진과 같은 승리의 쾌거, 승리의 상징으로 만드셨습니다. '하나님의 반전(反轉)'인 것입니다.

예수님께서 십자가에서 "다 이루었다"(요 19:30)고 하셨을 때, 우리를 도적질하고 죽이고 멸망시키려 하는 마귀는 이미 패배했습니다. 전쟁은 이미 우리의 승리로 끝났습니다. 이제 남은 전투는 패잔병 소탕전에 불과합니다. 그러므로 우리는 이 십자가에서의 승리를 확신하고 우리 삶의 현장에서 벌어지는 작은 전투에서 날마다 이기고 또 이겨야 합니다. 그리하여 십자가 사건으로 회복된 그리스도인의 충만함을 누려야 합니다.

5. 모든 것의 중심이 되신 예수 그리스도

예수님은 모든 것의 중심이 되십니다. 그러므로 우리는 예수님을 모든 것의 중심에 두고 예수님 안에서 자라나야 합니다.

"온 몸이 머리로 말미암아 마디와 힘줄로 공급함을 받고 연합하여 하나님이 자라게 하시므로 자라느니라"(골 2:19)

사도 바울은 예수님과 성도의 관계를 우리 몸에 비유하고 있습니다. 우리의 몸은 머리로 말미암아 마디와 힘줄로 공급을 받고 자라갑니다. 마찬가지로 우리가 예수님을 우리 삶의 머리, 즉 중심으로 모셔서 이 예수님과 연합되어 있을 때 하나님은 우리를 자라게 하십니다. 그러므로 우리를 자라게 하는 분은 하나님이십니다. 우리가 주님 안에 거하고 주님을 삶의 주인으로 모시면 하나님께서 우리를 성장시킬 뿐만 아니라 우리의 삶을 책임져 주십니다.

한 신문에 실린 이야기입니다. '경아'라는 학생은 고등학교 3학년 때 단백질이 빠져나가는 '신증후군'이라는 불치병을 앓고 있었습니다. 힘겹게 투병 생활을 하는 중에 설상가상으로 바이러스가 오른팔로 전이되었습니다. 그래서 오른팔을 잘라내게 되었습니다. 그 꿈 많은 소녀가 팔을 하나 잃었으니 얼마나 충격이 컸겠습니까? 차라리 죽었으면 좋겠다는 생각이 하루에도 몇 번씩 들었을 것입니다.

그런데 경아를 찍은 사진이 신문에 실렸는데 모두의 예상과는 달리 아주 환하게 웃고 있는 모습이었습니다. 오른팔 없이 왼손으로 턱을 괴고 해맑게 웃는 모습이 너무도 평안해 보였습니다. 어떻게 그런 일이 있을 수 있었을까요? 알고 보니 병원에 누워 있다가 그곳에서 예수님을 만난 것이었습니다. 예수님을 만나도 바로 만났습니다. 그 짧은 시간에 얼마나 믿음이 잘 자랐는지 경아는 "내가 지금 팔이 없어져도 장차 주님 앞에 설 때 다시 정상적인 모습으로 주님을 만나게 될 것을 믿습니다. 그래서 잠깐 팔이 없어진 것에 대해 더 이상 절망하지 않습니다."는 감동적인 말을 했습니다. 주님이 함께하시는 것을 믿기에 팔을 하나 잃어버려도 두려워하거나 좌절하지 않는다는 신앙의 고백인 것입니다. 이와 같이 경아는 자신이 주님 안에만 거한다면 하나님이 모든 것을 책임져 주실 것을 믿었습니다.

닉 부이치치(Nick Vujicic)라고 하는 호주의 한 목사님의 아들이 있습니다. 그는 태어날 때부터 두 팔과 두 다리가 없고 작은 발 하나만 있었습니다. 그러나 그는 삶을 포기하지 않고 일반인들처럼 서핑, 보드, 수영과 같은 운동을 즐기며 행복하게 살고 있습니다. 그는 "넘어졌을 때 다시 일어나지 않는다면 영원히 넘어진 채로 남아 있습니다. 하지만 100번을 넘어져도 포기하지 않으면 다시 일어날 수 있습니다."라고 말하며 '행복 전도사'로 전 세계를 다니며 하나님께 영광을 돌리고 있습니다. 닉 부이치치 역시 예수님을 삶의 중심으로 모시고 살면 하

나님께서 책임져 주시므로 몸이 불편해도 얼마든지 행복하고 보람 있는 삶을 살 수 있다는 것을 보여 준 것입니다.

주님이 여러분의 삶의 주인이자, 삶의 머리가 되시면 여러분의 일생을 책임져 주십니다. 그렇기 때문에 없는 것을 자꾸 보지 마시기 바랍니다. 주님을 바라보면 모든 것이 다 있다는 것을 알게 됩니다. 그 어디에도 찾을 수 없는 주님의 따뜻한 사랑이 늘 나를 품어 주시고 위로해 주시고 용서해 주십니다. 나에게 용기를 주시고 기쁨을 주시고 평안함을 주십니다. 내가 외롭고 쓸쓸할 때 주님이 다가오셔서 "내가 너와 함께한다. 더 이상 외로워하지 마라. 더 이상 슬퍼하지 마라."고 하시며 우리 눈에서 눈물을 닦아 주시고 마음에 넘치는 기쁨과 평안함으로 채워 주십니다.

이와 같이 예수님은 우리의 모든 것이 되시기 때문에 우리는 더 이상 염려하지 않습니다. 걱정하지 않습니다. 낙심하지 않습니다. 그러므로 주님이 함께하심을 믿고 날마다 믿음으로 전진해 가는 여러분 모두가 되시기를 축원합니다.

그러므로 너희가 그리스도와 함께 다시 살리심을 받았으면
위의 것을 찾으라
거기는 그리스도께서 하나님 우편에 앉아 계시느니라
골 3:1

8

*Jesus Christ,
the hope of glory*

여덟 번째 광주리

위의 것을 찾으라

골 3:1-11
COLOSSIANS

그러므로 너희가 그리스도와 함께 다시 살리심을 받았으면 위의 것을 찾으라 거기는 그리스도께서 하나님 우편에 앉아 계시느니라 위의 것을 생각하고 땅의 것을 생각하지 말라 이는 너희가 죽었고 너희 생명이 그리스도와 함께 하나님 안에 감추어졌음이라 우리 생명이신 그리스도께서 나타나실 그 때에 너희도 그와 함께 영광 중에 나타나리라 그러므로 땅에 있는 지체를 죽이라 곧 음란과 부정과 사욕과 악한 정욕과 탐심이니 탐심은 우상 숭배니라 이것들로 말미암아 하나님의 진노가 임하느니라 너희도 전에 그 가운데 살 때에는 그 가운데서 행하였으나 이제는 너희가 이 모든 것을 벗어 버리라 곧 분함과 노여움과 악의와 비방과 너희 입의 부끄러운 말이라 너희가 서로 거짓말을 하지 말라 옛 사람과 그 행위를 벗어 버리고 새 사람을 입었으니 이는 자기를 창조하신 이의 형상을 따라 지식에까지 새롭게 하심을 입은 자니라 거기에는 헬라인이나 유대인이나 할례파나 무할례파나 야만인이나 스구디아인이나 종이나 자유인이 차별이 있을 수 없나니 오직 그리스도는 만유시요 만유 안에 계시니라

예수를 믿고 나면 우리의 삶이 완전히 바뀝니다. 새로운 삶을 살아가게 됩니다. 예수 믿기 전에는 내가 주인이었습니다. 모든 것을 내 뜻대로 하며 내가 하고 싶은 대로 살았습니다. 그런데 예수 믿고 난 다음 주인이 바뀌었습니다. 이제는 내가 주인이 아니라 내 안에 계신 예수님이 내 삶의 주인이 되셨습니다. 그래서 내가 원하는 대로가 아니라 주님이 원하는 대로, 내 뜻이 아니라 주님의 뜻대로, 내 생각이 아니라 주님의 생각대로, 내 일이 아니라 주님의 일을 하면서 살아가게 되었습니다.

그런데 이것이 쉽지 않습니다. 그렇다면 어떻게 해야 주님 뜻대로 살아갈 수 있을까요? 그리스도인들의 영적인 삶은 어떠한 모습이 되어야 할까요?

1. 위의 것(하늘의 축복, 영적 축복)을 찾으라

"그러므로 너희가 그리스도와 함께 다시 살리심을 받았으면 위의 것을 찾으라 거기는 그리스도께서 하나님 우편에 앉아 계시느니라 위의 것을 생각하고 땅의 것을 생각하지 말라"(골 3:1-2)

우리 그리스도인들은 '위의 것'을 찾아야 합니다. 위의 것이란 '하늘의 것', '하늘의 축복', '영적 축복'을 말합니다. 영적인 축복의 근원이 누구입니까? 바로 '위에 계신 예수 그리스도'입니다. 지금 하나님 보좌 우편에 계시는 동시에 내 마음 가운데 와 계신 예수 그리스도를 말합니다. 그러므로 영적인 축복의 근원 되신 예수님을 중심으로 삼고 예수님이 가장 기뻐하시는 일을 하며 살면 하나님께서 놀라운 복을 허락해 주십니다.

죄를 지은 두 사람이 같은 날 감옥에 들어왔습니다. 한 사람

은 감옥 안에서 늘 하늘을 처다보았습니다. '내가 앞으로 감옥에서 나가면 새 사람이 되어야겠다. 비록 잠시 잘못해서 감옥에 왔지만 다시는 그와 같은 인생을 살지 말아야겠다.' 그는 이렇게 결심하고 늘 창살 너머로 보이는 하늘을 바라보며 꿈을 가졌습니다. 이렇게 하늘을 나는 새, 흘러가는 구름, 여름에 내리는 비, 가을에 부는 바람, 겨울에 흩날리는 눈을 보다 보니 자기도 모르게 아름다운 시상(詩想)들이 마음에 떠올랐습니다. 그때마다 그는 그것을 종이에 메모하기 시작했습니다. 세월이 흘러 감옥에서 나오게 된 그는 감옥에서 적어 둔 시들을 모아 시집을 출판했습니다. 그러자 그의 아름다운 시에 많은 사람들이 감동을 받게 되었고 그는 유명한 시인이 되었습니다. 늘 하늘을 바라보다 보니 꿈이 생기고 희망이 생기고 아름다운 생각들이 떠올라 시인이 된 것입니다.

그런데 같은 감옥에 있던 다른 한 사람은 늘 한숨만 쉬면서 세상을 원망하고 불평했습니다. '그때 실수만 안 했더라면 안 잡혔을 텐데. 에이, 나는 재수 없는 인생이야!' 그는 그렇게 생각하며 밤낮 땅만 처다보았습니다. 그러자 그의 눈에는 비가 오면 지저분해지고 눈이 와 녹으면 엉망진창이 되고 이리저리 쓰레기가 굴러다니는 땅만 보였습니다. 그래서 그는 같은 날 감옥에서 나올 때 우울증 환자가 되어서 정신병원에 가게 되었다고 합니다.

그러므로 우리는 날마다 새로운 결심을 하고 새로운 결단을 내려야 합니다. 예수 믿고 난 다음에 내가 어떻게 살아가야 될 것인가? 긍정적인 삶을 살 것인가? 부정적인 삶을 살 것인가? 그런데 이 선택은 우리의 것입니다. 우리가 하늘을 바라보고 살기로 결심하면 은혜가 임합니다. 반면 땅을 바라보기로 결심하면 절망이 다가옵니다. 그래서 우리는 늘 위의 것을 찾는 삶, 위에 계신 그리스도를 바라보는 삶을 살아야 합니다. 내가 무엇 때문에 존재하고 무엇 때문에 살아가고 있는가를 생각해야 합니다. 우리는 오직 하나님의 영광을 위해 삽니다. 내적으로는 예수님을 닮아 가고 외적으로는 내가 만난 예수님을 만방에 전하며 살아가는 주님의 자녀가 되는 것, 이것이 우리 삶의 목적입니다.

마태복음 6장 33절에서도 "그런즉 너희는 먼저 그의 나라와 그의 의를 구하라 그리하면 이 모든 것을 너희에게 더하시리라"고 말씀했습니다. 그러므로 우리는 삶의 우선순위를 하나님께 영광을 돌리고 하나님의 뜻을 이루는 것에 두어야 합니다. 아침에 깨자마자 "하나님, 감사합니다. 오늘도 하나님께 영광 돌리

는 삶을 살게 하여 주옵소서."라고 기도해야 합니다.

국민비전클럽 월례 조찬기도회에 참석했을 때입니다. 사회 보시는 분이 한 사람을 소개하면서 이렇게 말하는 것이었습니다.

"여기 온 분들은 대부분 살을 빼느라고 걱정하는데 이분은 살이 찌지 않아서 걱정하십니다."

다들 누군지 궁금했습니다.

"그런데 그분은 세계를 들어 올리는 분입니다. 바로 역도 선수 장미란씨입니다."

정말 장미란 선수는 한국이 낳은 여자분 중에 세계에서 가장 무거운 것을 들어 올리는 분입니다. 그래서 들었다 하면 금메달입니다.

그 자리에서 장미란 선수의 간증을 들어 보니 자신은 하나님의 영광을 위해 역기를 들어 올린다고 합니다. 자기 자신을 위해서가 아니라 하나님의 영광을 위해서 들어 올리니까 들어 올린 다음에는 꼭 기도하는 것입니다. 전 세계에 이분이 크리스천인 것을 모르는 사람이 없습니다. 언제나 역기를 들어 올리고 나서 기도하기 때문입니다. 이 모습이 입으로 "예수 믿으세요."라고 백 마디 하는 것보다 더 효과가 있을 수 있습니다.

역기를 들어 올리고 나서 기도하는 모습 자체가 말 없는 전도가 되기 때문입니다. 물론 우리가 말로 전도도 하고 평상시 우리 삶의 모습을 통해서 아름다운 영향력을 미쳐야 하지만, 특별히 이렇게 결정적인 순간에 하나님께 영광을 돌려야 합니다. 탤런트들이 연기대상을 받고 소감을 말할 때 어떤 분은 "집에 있는 어머님과 아내와 우리 두 딸과……."라면서 한참을 말합니다. 그런데 크리스천 탤런트들은 "하나님께 영광 돌립니다."라고 말합니다.

미국에서 미식축구를 하는 시즌이 되면 모든 사람들이 TV 앞에서 떠날 줄을 모릅니다. 그만큼 미식축구에 열광을 합니다. 그런데 골을 찰 때가 되면 항상 골대 뒤 관중석에서 플랜카드를 탁 드는 사람이 있습니다. 뭐라고 썼나 보니 '요한복음 3장 16절'이라고 적혀져 있었습니다. 골을 찰 때마다 골대 뒤에서 그 플랜카드를 드니 미국에 있는 1억 명의 시청자들이 그것을 보게 됩니다. 돈 들이지 않고 얼마나 효과적으로 수억 명에게 복음을 전하는지 모릅니다. 그분은 분명한 사명감을 가지고 골대 뒤에서 플랜카드를 드는 것입니다. 이와 같이 '어떻게 하면 주님을 기쁘시게 할까?'라고 늘 연구하고 노력하는 마음 자세를 가지면 주님이 그 삶을 통해서 영광을 받으십니다.

이 세상에 사는 동안 가장 중요한 것이 하나님의 영광을 위해 여러분의 모든 것을 드리는 것입니다. 여러분의 재능도 물질도 여러분의 삶 자체도 주님께 드리면 주님이 기쁘게 받으시고 놀라운 은혜를 내려 주십니다. 그러면 영혼이 잘됨같이 범사가 잘되며 강건하게 되는 은혜와 축복을 더해 주십니다. 그래서 우리 예수 믿는 사람들은 무엇을 하더라도 하나님의 영광을 위해, 하나님을 기쁘시게 하기 위해 최선을 다하는 삶을 살아야 합니다.

2. 우리의 영적 위치

하나님의 자녀가 된 우리의 영적인 위치는 어디일까요? 우리는 우리의 신분이 변화되고 난 다음 어디에 위치하고 있는지를 분명히 알아야 합니다.

"이는 너희가 죽었고 너희 생명이 그리스도와 함께 하나님 안에 감추어졌음이라 우리 생명이신 그리스도께서 나타나실 그 때에 너희도 그와 함께 영광 중에 나타나리라" (골 3:3-4)

우리는 영적으로 새롭게 태어나서 그리스도와 함께 '하나님 안'에 감추어졌습니다. '감추어졌다'는 것은 하나님의 보호하심 속에 들어와 있다는 것입니다. 이와 같이 우리는 하나님의 사랑의 품에 안겨 보호받고 있습니다. 그러므로 이제는 마귀가 우리를 함부로 하지 못합니다.

그런데 왜 우리가 시험에 들고 죄짓고 타락합니까? 우리 스스로가 자신을 그렇게 내어 놓았기 때문입니다. 우리가 자신을 지키지 못하고 문을 열어 놓으면 도둑이 들어오는 것과 같은 이치입니다. 우리가 늘 기도하고 성령 충만해서 주님의 보호하심 속에 들어가 있어야 하는데, 기도하지 않고 예배도 열심히 드리지 않고 형식적으로 교회만 왔다 갔다 하니 시험에 들게 되는 것입니다.

'위의 것을 찾으라'는 말씀은 늘 기도하고 말씀 보고 예배 잘 드리고 열심히 봉사하고 열심히 전도하라는 의미입니다. 이렇게 하면 우리의 신앙을 지킬 수가 있습니다. 신앙생활에서 가장 큰 문제가 '영적인 게으름'입니다. 게으르면 절대 하나님의 축복을 받을 수가 없습니다. 성공하는 모든 사람들의 특징이 '부지런하다'는 것입니다. 사업을 경영하는 사람의 특징 역시 부지런하다는 것입니다. 늦게까지 잠자고 게으름피면서 성

영광의 소망 예수 그리스도

공한 사람을 본 적이 없습니다. 이처럼 늘 부지런해야 되는데 우리들은 특별히 영적으로 부지런해야 합니다. 영적으로 부지런하다는 것은 영적으로 깨어 있다는 것입니다. 기도하기에 힘쓰고, 말씀 묵상하기에 힘쓰고, 열심히 전도하기에 힘쓰고, 주의 사랑을 실천하기에 힘쓰면, 하나님이 책임져 주십니다. 하나님이 보호해 주십니다.

하지만 영적으로 게으른 사람은 보호를 받지 못합니다. 기도하지 않으니 영적으로 무방비 상태입니다. 그러니 잘못된 생각이 들어오고, 감사하지 않고, 불평하고, 기뻐하지 않게 됩니다. 기쁨이 사라지니 마음이 병들고, 마음이 병들면 육신이 병들게 됩니다. 기뻐하지 않고 자꾸 화만 내는 것은 악한 영이 들어오도록 스스로 문을 열어 놓는 것입니다.

그러면 어떻게 이 악한 영과 싸울 수 있을까요? 우리가 위의 것을 찾고 영적으로 게으르지 않으려면 구체적으로 어떻게 해야 할까요?

날마다 자신을 십자가에 못 박아야 합니다.

"내가 그리스도와 함께 십자가에 못 박혔나니 그런즉 이제는 내가 사는 것이 아니요 오직 내 안에 그리스도께서 사시는 것이라 이제 내가 육체 가운데 사는 것은 나는 사랑하사 나를 위하여 자기 자신을 버리신 하나님의 아들을 믿는 믿음 안에서 사는 것이라"⁽갈 2:20⁾.

　자신을 십자가에 못 박는다는 것은 나의 '옛 사람'을 죽이는 것을 말합니다. 옛 사람이란 예수 믿기 전에 죄 속에 살던 내 모습을 말합니다. 이 옛 사람을 십자가에 못 박아야 합니다.

　이제부터는 우리가 늘 깨어지는 훈련을 해야 합니다. 낮아지는 훈련을 해야 합니다. 죽는 훈련을 해야 됩니다. "**나는 날마다 죽노라**"⁽고전 15:31⁾. 성숙한 그리스도인은 날마다 죽는 사람들입니다. 자신의 옛 사람을 십자가에 못 박는 사람들입니다. 그렇기 때문에 로마서 6장 11절은 "이와 같이 너희도 너희 자신을 죄에 대하여는 죽은 자요 그리스도 예수 안에서 하나님께 대하여는 살아 있는 자로 여길지어다"라고 말씀하는 것입니다.

　우리는 예수 믿고 나서 제2의 인생을 삽니다. 첫 번째 인생은 죄 가운데 살던 인생이고, 제2의 인생은 주님 앞에서 변화 받고 새롭게 된 인생을 말합니다. 이러한 제2의 인생을 살아가려면 육신의 죄를 늘 십자가에 못 박아야 합니다. 날마다 예수의 보혈로 씻고 자신을 십자가에 못 박아서 옛 사람으로부터 자유함을 받아야 합니다.

3. 새 사람을 입으라

"옛 사람과 그 행위를 벗어 버리고 새 사람을 입었으니" (골 3:9-10)

이 세상에는 두 종류의 사람이 있습니다. 즉, '새 사람'과 '옛 사람'입니다. 새 사람은 '영에 속한 사람', '영의 사람'이고 옛 사람은 '육에 속한 사람', '육의 사람'입니다. 예수를 믿고 나서 우리는 주 안에서 새 사람, 영의 사람이 되었습니다.

우리가 영의 사람이 되었지만 육신을 입고 있는 동안에는 자꾸 옛 사람이 우리를 잡아당깁니다. 그래서 죄짓지 않으려고 하는데도 죄를 짓게 되는 것입니다. 육신이 약해서 기도하지 못하고 감사하지 못하고 예배 열심히 드리지 못하고 영적으로 나태해져 무방비 상태가 되면 죄가 들어옵니다. 죄가 싹 하고 들어와서 우리를 잡아당깁니다. 그래서 우리는 평생 자기 자신과 싸워야 합니다.

내 속에서 이 새 사람과 옛 사람이 자꾸 싸웁니다. 그렇기 때문에 사도 바울은 다음과 같이 말했습니다. "내 지체 속에서 한 다른 법이 내 마음의 법과 싸워 내 지체 속에 있는 죄의 법으로 나를 사로잡는 것을 보는도다"(롬 7:23). 그런데 성령 충만하면 새 사람이 늘 이기고, 성령 충만하지 않으면 옛 사람이 이겨서 나를 죄로 끌고 갑니다. 그래서 예수 믿는 사람이 죄를 짓는 것입니다. 예수 믿고 나면 절대 죄를 짓지 말아야 되는데 육신이 있는 동안 육신을 이기지 못해서 죄를 짓는 것입니다.

그러면 우리가 싸워야 할 옛 사람의 모습은 무엇입니까?

"그러므로 땅에 있는 지체를 죽이라 곧 음란과 부정과 사욕과 악한 정욕과 탐심이니 탐심은 우상 숭배니라"(골 3:5)

첫째, '음란'입니다.

초대 교회는 성적인 문제, 음란의 문제를 굉장히 심각하게 다루었습니다. 왜냐하면 그 당시 이방 사회의 문화가 성적으로 아주 문란했기 때문입니다. 당시 모든 신전에서 음란한 행위를 했습니다. 사람들은 번창하고 풍요롭게 산다는 의미로 성전 안에서 음란한 행위를 많이 했습니다. 그래서 그런 음란한 모습에 스스로 익숙해 있다가 예수 믿고 나서도 그것에서 벗어나지 못한 사람들이 있었습니다.

성적인 문제는 하나님께서 결혼을 통해 해결하도록 하셨습

니다. 하나님께서는 결혼을 통해 부부간에 아름답고 건전하게 성의 문제를 해결하도록 문을 열어 놓으셨습니다. 그래서 성은 정상적인 관계에서는 아름답습니다. 하지만 비정상적인 관계에서는 큰 문제가 되는 것입니다. 사회적으로나 가정적으로나 개인적으로나 큰 문제를 일으킵니다. 그러므로 우리는 이 부분에 있어서 늘 자신을 지키고 가정을 지키도록 노력해야 합니다.

오늘날 이 유혹이 교회 가운데 상당히 깊이 들어와 있습니다. 특히 젊은이들에게 깊이 들어와 있습니다. 젊은이들의 성 의식이 굉장히 무너져 있습니다. 세상 풍조에 따라 잠깐 자기의 만족을 위해 잘못된 길로 가는 사람들이 많이 있습니다. 정신 차려야 합니다. 영적으로 깨어 있어야 합니다. 세상 풍조를 따라가면 절대 안 됩니다. 성경은 분명히 "너희는 이 세대를 본받지 말고 오직 마음을 새롭게 함으로 변화를 받아 하나님의 선하시고 기뻐하시고 온전하신 뜻이 무엇인지 분별하도록 하라"(롬 12:2)고 말씀합니다. 그러므로 세상 풍조에 따른 음란한 행위를 버려야 합니다.

둘째, '부정'입니다.

이는 '정결하지 못한 것, 더러운 것'을 말합니다. 생각과 말과 행동이 더럽고 추한 것을 말합니다.

셋째, '사욕'입니다.

이는 '개인적인 욕심', '악한 욕심'을 말합니다.

넷째, '악한 정욕'입니다.

이는 '악한 욕심', '악한 욕구'를 말하는데, '사욕'이 수동적인 욕심이라면 '악한 정욕'은 보다 능동적인 욕심이라고 할 수 있습니다.

다섯째, '탐심'입니다.

이는 '내가 가지고 있어야 될 만한 것보다 더 많은 것에 대해 욕심을 내는 것'입니다. 아직 그만한 그릇이 되지 못했는데 욕심을 내다 보니 비정상적인 방법으로 남의 것을 빼앗고 사기를 치는 것입니다. 뇌물을 받고 뇌물을 주는 것 역시 탐심 때문입니다. 탐심은 '우상 숭배'입니다. "**탐심은 우상 숭배니라**"(5절). 왜 그렇습니까? 탐심으로 인해 하나님보다 물질이나 세상 권력을 더 사랑하게 되니까 우상 숭배인 것입니다. 하나님보다 세상을 더 사랑하고 하나님보다 권력을 더 사랑하는 사람들의 말로가 어떻게 됩니까? 쇠고랑 차고 감옥을 갑니다. 그러므로 이와 같은 잘못된 길을 가면 안 됩니다.

3장 8절과 9절에서도 '땅의 지체', 즉, '옛 사람'의 모습에 대해서 말하고 있습니다.

> "이제는 너희가 이 모든 것을 벗어 버리라 곧 분함과 노여움과 악의와 비방과 너희 입의 부끄러운 말이라 너희가 서로 거짓말을 하지 말라 옛 사람과 그 행위를 벗어 버리고"

3장 5절은 '육신, 즉 행위를 통해 짓는 죄'에 대한 경고라면, 3장 8절과 9절은 '생각과 말을 통해 짓는 죄'에 대한 경고입니다. 그러므로 악한 생각, 남을 해치려는 생각을 가지면 안 됩니다. 그런데 세상에는 마음이 굽어져서 남이 잘되는 것을 보지 못하는 사람이 있습니다. 어떻게 하든지 남에게 피해를 입히려는 사람이 있습니다. 이렇게 악한 사람들 때문에 세상에 많은 문제가 생겨나는 것입니다.

우리 예수 믿는 사람들은 선해야 합니다. 예수 믿고 난 다음부터는 우리의 생각이 선해야 합니다. 예수 믿고 착하게 살아야 합니다. 절대 악하게 살지 마십시오. 선한 마음으로 늘 섬기고 베풀고 나누어야 합니다.

성경을 보면 교회에서 제일 많이 했던 것이 '구제'입니다. 초대 교회는 구제와 선교를 많이 했습니다. 선교를 위해 열심히 전도하고 말씀을 가르쳤을 뿐만 아니라 교회 안에만 들어오면 가난한 사람이 없을 정도로 구제도 많이 했습니다. 교회 안에는 굶는 사람이 한 사람도 없었습니다. 교회 안에만 들어오면 사랑으로 다 돌봐주었습니다. 특별히 과부는 돌봐줄 남편이 없습니다. 고아 역시 돌봐줄 부모가 없습니다. 하지만 교회 안에만 들어오면 그들을 주의 사랑으로 잘 돌봐주었습니다. 먹는 문제로 고통당하지 않도록 늘 보살펴 주었습니다. 이와 같이 그리스도인들은 생각과 행동이 선해야 합니다.

3장 8절과 9절에 나타난 옛 사람의 모습은 다음과 같습니다.

첫째, '분함과 노여움'입니다.

이는 '마음에 품는 불쾌한 감정', 즉 '화내는 것'을 말합니다. 사람의 화는 어디 숨어 있는지 끝없이 나옵니다. 마치 샘솟듯이 나옵니다. 화를 잘 내는 사람들의 특징은 화도 잘 내고 잊어버리기도 잘 한다는 것입니다. 잘 잊어버리니까 또 화를 내는 것입니다. 우리는 의지적으로 이 화와 싸워야 합니다. 화를 자꾸 내면 안 됩니다. 굳이 화를 내고 싶으면 기도원에 들어가서 소리를 지르십시오. 그러면 괜찮아질 것입니다.

어떤 사람은 "화를 자꾸 눌러 놓으면 스트레스가 생긴다."고 합니다. 이것은 세상적인 얘기입니다. 화가 난다고 내 앞에 있는 사람에게 그 분노를 그대로 표출해 버리면 그 사람은 말

할 수 없는 상처를 받습니다. 내 주변에 있는 자녀나 아내나 남편이 굉장히 상처받습니다. 화는 혼자 내는 것이지만 그것이 주변에 있는 사람에게 끼치는 영향은 큽니다. 그래서 화가 날 때는 절대로 그 자리에서 바로 내면 안 됩니다. 자리를 피해야 합니다. 집에 있다가 화가 나면 주차장 가서 차 안에 앉아 있다가 오든지, 혼자 엘리베이터 타고 올라갔다 내려갔다 하고 오든지, 아파트를 빙빙 돌다 오든지 해서 우선 마음을 가라앉혀야 합니다. 화를 쉽게 내는 사람들은 자꾸 화의 올무에 잡혀서 화내고 또 화내는 것입니다. 그러므로 그 올무를 빨리 끊어야 합니다.

둘째, '악의' 입니다.

이는 '남을 해치려는 나쁜 마음, 악한 기질'을 말합니다.

셋째, '비방' 입니다.

이는 '남을 참소하고 자꾸 끌어내리는 것' 입니다. 여러분은 입술을 열어서 남을 칭찬하시기 바랍니다. 그 사람이 들을 때는 칭찬을 안 해도 괜찮습니다. 그 사람에 대해서 무언가 충고하고 싶은 것이 있을 때에는 "내가 생각하기에는 당신이 이것을 잘못하고 있는 것 같아." 라고 직접 권면해야 합니다. 돌아서서 험담을 하면 안 됩니다. 그 사람 뒤에서는 칭찬을 해야 합니다.

그런데 본인 앞에서는 침을 튀길 정도로 칭찬해 놓고 돌아서면 욕하는 사람들이 있습니다. 예수 믿는 사람들이 그렇게 이중적으로 살면 안 됩니다. 사람 앞에서 과도하게 칭찬하는 사람들은 수상한 사람들입니다. 본래 칭찬을 많이 하는 사람이 험담도 많이 합니다. 그래서 누군가가 자기 앞에서 지나치게 칭찬을 많이 하면 '아, 이 사람은 돌아서서 내 욕을 할 사람이구나.'라고 생각하십시오. 내 앞에서 너무 칭찬을 많이 하고 남을 많이 헐뜯는 사람은 돌아서면 정반대로 할 수 있습니다. 믿을 게 없는 게 사람 마음입니다. 우리는 예수님만 믿어야 합니다.

넷째, '부끄러운 말' 입니다.

이는 '천하고 상스러운 말' 입니다. 음담패설과 같이 음란하고 욕되고 더러운 말을 하는 것입니다.

다섯째, '거짓말' 입니다.

이는 '남을 속이는 말' 입니다. 성경은 마귀에 대해 **"거짓말쟁이요 거짓의 아비"**(요 8:44)라고 말씀합니다. 그러므로 거짓말을 하는 것은 마귀의 일을 따라하는 것입니다.

분함과 노여움과 악의가 '생각과 마음으로 짓는 죄' 라면, 비방과 부끄러운 말과 거짓말은 말로써 짓는 죄, 즉 '입술의 범

죄'입니다.

에베소서 5장 3절부터 5절에서도 다음과 같이 말씀합니다. "음행과 온갖 더러운 것과 탐욕은 너희 중에서 그 이름조차도 부르지 말라 이는 성도에게 마땅한 바니라 누추함과 어리석은 말이나 희롱의 말이 마땅치 아니하니 오히려 감사하는 말을 하라 너희도 정녕 이것을 알거니와 음행하는 자나 더러운 자나 탐하는 자 곧 우상 숭배자는 다 그리스도와 하나님의 나라에서 기업을 얻지 못하리니".

육신의 모습을 벗어 버리지 못하면 하늘나라에 상급이 없다는 것입니다.

그러므로 우리는 '새 사람'을 입어야 합니다.

"새 사람을 입었으니 이는 자기를 창조하신 이의 형상을 따라 지식에까지 새롭게 하심을 입은 자니라" (골 3:10)

우리는 예수님의 십자가의 보혈로 죄 씻음 받고 성령의 역사를 통하여 새 사람이 되었습니다. 그러므로 새 사람이 된 우리는 하나님의 형상을 회복하고 하나님의 거룩하심을 닮아 가야 합니다. 겉모습만 닮는 것이 아닙니다. '지식에까지', 즉 우리의 생각과 가치관과 마음의 깊은 뿌리까지 철저하게 새로워져서 하나님의 거룩하심을 닮아야 합니다. 하나님의 거룩하심을 닮는다는 것은 곧 예수 그리스도를 닮는다는 것입니다. 그러므로 새 사람이 된 우리는 예수 그리스도를 닮아 일생을 '작은 예수'로 살아야 합니다.

신문을 보니 한 고등학교 3학년 여학생이 죽기 전에 일곱 사람에게 장기를 기증했다고 합니다. 자신은 병으로 죽어 가지만 자기의 장기를 떼어 일곱 사람에게 생명을 준 것입니다. 얼마나 아름다운 모습인지 모릅니다. 그 여학생은 참으로 아름답고 의미 있게 생을 마감했습니다. 예수님을 믿고 새 사람이 된 우리도 이렇게 아름다운 삶을 살아야 합니다.

어제 책에서 재미있는 이야기를 읽었습니다. 세탁소에 옷걸이가 많이 걸려 있었습니다. 그런데 어느 날 주인이 새 옷걸이를 사다 걸어 놓았습니다. 그러자 헌 옷걸이가 새 옷걸이에게 말했습니다.

"새 옷걸이야, 착각하지 마. 매일매일 많은 옷이 너에게 걸리지만 너는 그 옷을 잠깐 걸어 놓은 옷걸이에 불과해. 너는 그 옷이나 그 옷을 입은 사람이 아니야. 네가 어느 날 장군 옷을 입었다고 장군이 되는 것이 아니고, 멋있는 신사 옷을 입었다고

신사가 되는 것이 아니고, 공주 옷을 입었다고 해서 공주가 되는 것이 아니야. 너는 어디까지나 옷걸이일 뿐이야. 내가 오래된 고참 옷걸이로서 새 옷걸이한테 충고하는 거야."

우리 역시 예수님의 옷걸이입니다. 그런데 때때로 착각할 때가 있습니다. 언제 착각합니까? 주님이 높여 주셔서 좋은 자리에 있을 때입니다. 높은 자리에 있으면 사람들이 와서 인사하고 난을 보내고 축전을 보내며 축하합니다. 그러면 '야, 그래도 내가 잘났구나.'라고 생각하게 됩니다. 하지만 아닙니다. 나는 옷걸이에 불과합니다. 주님이 잠깐 좋은 옷을 걸치게 해 주신 것뿐입니다. 주님이 잠깐 높은 자리에 두신 것뿐입니다. 영원한 자리가 어디 있습니까? 옛말에 "열흘 동안 붉은 꽃이 없고 십년 가는 권세가 없다."고 했습니다.

세상 권세를 가진 사람들이 다 된 줄 알고 그 권세를 잘못 남용하다가 권세가 끝나고 난 다음에는 감옥에 갑니다. 왜 그렇습니까? 자기가 왜 그 자리에 있는지, 하나님이 왜 자기를 그 자리에 두신지를 몰랐기 때문입니다. 하나님이 나를 잠깐 좋은 자리에 두신 것은 하나님의 영광을 나타내기 위해서입니다.

그러므로 칭찬 받을 때, 남에게 인정받을 때, 한 단체의 대표가 되어 전체를 이끌고 나가야 하는 위치에 서 있을 때 하나님께 영광 돌리시길 바랍니다. 내 것처럼 느껴지는 칭찬과 인정과 명예와 권세와 축복은 다 하나님이 내게 잠깐 걸쳐 놓은 옷에 불과합니다. 하나님이 이 옷들을 입혀 주신 것입니다. 옷걸이 주제에 "내가, 내가" 하다가 "저 옷걸이 왜 저래?" 하고 책망 받지 마시기 바랍니다. 우리는 주님의 옷걸이입니다. 주님의 옷걸이로서, 위의 것을 구하는 새 사람으로서, 첫째도 주님의 영광, 둘째도 주님의 영광, 마지막도 주님의 영광을 위해 사시는 여러분이 되시기를 축원합니다.

그러므로 너희가 그리스도와 함께

다시 살리심을 받았으면 위의 것을 찾으라

거기는 그리스도께서 하나님 우편에 앉아 계시느니라

골 3:1

그러므로 너희는 하나님이 택하사
거룩하고 사랑받는 자처럼
긍휼과 자비와 겸손과 온유와 오래 참음을 옷 입고
골 3:12

9

Jesus Christ,
the hope of glory

아홉 번째 광주리

그리스도인의
축복된 삶

골 3:12-17
COLOSSIANS

그러므로 너희는 하나님이 택하사 거룩하고 사랑받는 자처럼 긍휼과 자비와 겸손과 온유와 오래 참음을 옷 입고 누가 누구에게 불만이 있거든 서로 용납하여 피차 용서하되 주께서 너희를 용서하신 것 같이 너희도 그리하고 이 모든 것 위에 사랑을 더하라 이는 온전하게 매는 띠니라 그리스도의 평강이 너희 마음을 주장하게 하라 너희는 평강을 위하여 한 몸으로 부르심을 받았나니 너희는 또한 감사하는 자가 되라 그리스도의 말씀이 너희 속에 풍성히 거하여 모든 지혜로 피차 가르치며 권면하고 시와 찬송과 신령한 노래를 부르며 감사하는 마음으로 하나님을 찬양하고 또 무엇을 하든지 말에나 일에나 다 주 예수의 이름으로 하고 그를 힘입어 하나님 아버지께 감사하라 사도 바울은 신약 성경 27권 중에 13권을 썼습니다. 히브리서도 사도 바울의 영향을 받아 기록된 것으로 본다면 14권이라 할 수 있습니다. 하지만 보통 13권이 사도 바울에 의해 기록된 것으로 봅니다. 사도 바울의 모든 서신들을 보면 크게 두 부분, 즉 전반부와 후반부로 나누어져 있습니다. 전반부는 이론적인 부분으로 교리적인 이야기입니다. 후반부는 실천 편으로 실제적인 삶의 자세에 대해 말하고 있습니다.

골로새서 역시 1장과 2장이 이론 편이라면 3장과 4장은 실천 편입니다. 앞 장에서 살펴보았듯이, 3장 1절부터 4절은 '위의 것을 찾으라'는 그리스도인의 삶의 기본 원칙에 대해 말하고 있습니다. 3장 5절부터 11절은 '그리스도인이 버려야 할 옛 사람의 습성'에 대해 말하고 있습니다. 이제 살펴볼 3장 12절부터 17절은 '새 사람이 가져야 할 신앙의 덕목'에 대해 말하고 있습니다. 이렇게 배운 말씀을 우리 삶에 적용해서 살아간다면 주님의 은혜 가운데 풍성한 축복이 넘쳐 날 것입니다.

1. 하나님께서 택하신 거룩하고 사랑받는 자의 모습

우리는 하나님께서 택하신 거룩하고 사랑받는 자입니다.

"그러면 너희는 하나님이 택하사 거룩하고 사랑받는 자처럼 긍휼과 자비와 겸손과 온유와 오래 참음으로 옷 입고"(골 3:12)

첫째, 우리는 '하나님께서 택한 자'입니다.

미국 백악관 앞에 가면 현직 대통령의 사진을 실물 크기로 만들어 나무판에 붙여 놓은 모형이 있습니다. 대통령이 웃으며 손을 내밀고 있는 사진인데, 5불을 내면 모형 사진의 대통령과

악수하는 모습을 사진으로 찍어 줍니다. 사진을 보면 마치 실제 대통령과 직접 악수한 것처럼 보입니다. 어떤 사람은 액자에 그 사진을 넣어 집에 걸어 놓습니다. 그래서 사람들이 "미국 대통령하고 악수를 했네?"라고 물으면 빙긋이 웃을 뿐 대답을 안 해 줍니다. 이처럼 사람들은 실제 대통령이 아닌 모형 대통령과 사진만 찍어도 액자에 걸어 놓고 좋아합니다.

또 워싱턴 근처에는 여러 가지 기념품을 파는 곳이 많은데 컴퓨터로 사진을 합성해 주는 곳도 있습니다. 여기서는 대통령이 다른 사람하고 악수하고 있는 사진을 얼굴만 자기 얼굴로 바꿔 줍니다. 이곳에서도 많은 사람들이 돈을 내고 얼굴을 바꿔서 찍은 뒤 그 합성 사진을 집에 가져와 액자에 걸어 놓습니다. 이처럼 사람들은 한 번도 만나 보지 못한 대통령과 컴퓨터 합성으로 악수하고 같이 사진 찍는 것만 해도 뿌듯해하고 기뻐합니다.

그렇다면 대통령보다 더 높으신 하나님이 우리를 알아보시고, 우리를 택하시고, 우리에게 손을 내미신다면 이 얼마나 기쁘고 감격스러운 일입니까? 그러므로 우리는 하나님의 택하신 자답게 항상 감사하며 당당하게 살아야 합니다.

둘째, 우리는 '거룩한 자'입니다.

하나님께서는 택하신 우리를 거룩하게 하셨습니다. 거룩하게 했다는 것은 '구별해 놓았다, 분리되었다'는 것입니다. 죄와 섞이지 아니하고 세상과 섞이지 아니하고 주님이 기뻐하지 않는 것과 섞이지 않도록 구별되었다는 것입니다. 이렇게 구별되었다는 의미로 우리를 하나님 앞에 거룩한 자, 즉 '성도'(聖徒)라고 부릅니다. '구별된 무리'란 뜻입니다. 이처럼 우리는 이 세상에 살지만 구별되어 있습니다.

배는 물 위에 떠 있지만 물이 들어가면 가라앉습니다. 마찬가지로 우리는 죄악의 바다에서 은혜의 배를 타고 떠 있습니다. 이 세상은 죄악의 바다와 같아서 문을 열어 놓으면 배 안에 물이 들어오듯 죄악의 물이 들어와 우리를 가라앉게 합니다. 이것이 타락입니다. 그러므로 우리는 이 세상에 살지만 이 세상 위에 떠 있어야 합니다. 이 세상 사람들을 다스리고 가르치고 인도하고 변화시키면서 살아야 합니다. 그들에게 물들거나 그들과 타협해서는 안 됩니다. 우리가 우리 자신을 지켜서 그들을 변화시켜야 합니다. 그래서 우리를 '거룩한 자'라고 하신 것입니다.

셋째, 우리는 '하나님이 사랑하시는 자'입니다.

사람은 사랑을 먹고 삽니다. 쌍둥이 아이를 보면 분명히 같은 날 같은 시에 일, 이 분 차이로 나왔는데도 불구하고 성격이

완전히 다릅니다. 대부분 동생이 더 활달하고 적극적인 경우가 많습니다. 그런데 두 아이 중에 꼭 약한 아이가 있습니다. 그러면 부모는 약한 아이에 대해서 특별히 관심을 갖고 신경을 쓰게 됩니다. 이때 쌍둥이 중 다른 아이가 "왜 엄마는 쟤를 더 사랑해 주는 거야?"라고 투정하게 됩니다. 약하고 아파서 더 관심을 가져주는데도 불구하고 그것을 차별이라고 생각합니다. 더 많은 사랑과 관심을 받고 싶어서 떼를 쓰는 것입니다.

우리들은 아주 어린 시절부터 사랑을 받고 사랑으로 성장합니다. 그런데 어릴 때 사랑을 듬뿍 받지 못하면 사랑 결핍으로 인해 나중에 문제를 일으킬 수가 있습니다. 오래 전 우리 사회를 경악케 한 '지존파 사건'을 보더라도 그 흉악한 청년 살인범들이 모두 결손 가정 출신이었습니다. 그래서 그들은 세상을 저주하고 가진 자들을 증오했습니다. 좋은 차를 타고 다니는 사람을 무작위로 붙잡아서 죽였습니다. 이 모두가 사랑 결핍에서 온 병입니다.

그러므로 부모의 의무 중 하나는 자녀를 듬뿍 사랑해 주는 것입니다. "내가 너를 사랑한다."고 자녀에게 사랑을 표현하는 만큼 자녀가 인격적으로 원만하게 성장하는 것입니다. 사랑을 못 받고 자라는 아이는 신경질적이 되어 아무것도 아닌 일에도 따지고 원망하고 불평합니다. 그러다 잘못되기도 합니다. 지금도 늦지 않았습니다. 여러분의 자녀를 매일같이 하루에 한 번 이상 안아 주면서 "사랑한다."고 해 보십시오. 처음에는 "아빠, 평생 안 하시다가 갑자기 왜 이러세요?"라고 하겠지만 싫지는 않을 것입니다. 이때 "내가 그동안 무뚝뚝해서 한 번도 네게 사랑한다는 말을 못 했구나. 미안하다. 아빠가 너를 사랑한단다."고 말해 주십시오. 여러분의 자녀는 '아빠가 내게 사랑 표현을 하시는구나!' 하고 내심 기뻐할 것입니다. 우리 역시 이와 같이 사랑을 받은 자입니다. 우리는 하늘 아버지의 사랑을 듬뿍 받고 있는 자입니다.

2. 긍휼, 자비, 겸손, 온유, 오래 참음의 옷을 입음

그렇다면 하나님이 택하시고 거룩하게 하시고 사랑하시는 우리는 어떤 모습으로 살아야 할까요?

"너희는 하나님이 택하사 거룩하고 사랑받는 자처럼 긍휼과 자비와 겸손과 온유와 오래 참음을 옷 입고"(골 3:12)

첫째, '긍휼'의 옷을 입어야 합니다.

옷을 입는다는 표현을 기억하십시오. 이것은 아침마다 옷을 꺼내 입는 것처럼 노력을 해야 한다는 것입니다. 저절로 되는 것이 아니라는 말입니다.

긍휼이란 무엇입니까? 이는 '상대방과 같은 마음을 갖고 그를 이해하는 것'입니다. 우리 모두가 긍휼의 마음을 가지고 있으면 문제가 생길 수 없습니다. 그러므로 우리는 긍휼히 여기는 마음을 가져야 합니다. 주위에 어려움을 당한 사람이 있으면 그 사람과 같은 마음을 품고 그 사람 입장에서 이해해 주어야 합니다.

한번은 제가 아는 분으로부터 급히 연락이 왔습니다. 고등학교 동창 되는 분인데 동창 가운데 한 사람의 부인이 갑자기 뇌경색으로 쓰러져 혼수상태라는 것입니다. 전화로라도 기도해 주면 좋겠다고 했지만 직접 갔습니다. 병원에 가 보니 부인은 정신을 다 잃고 산소 호흡기를 끼고 누워 있었습니다. 갑자기 쓰러졌다는 것입니다. 기도해 주고 나올 때 따라 나오는 딸들을 보니 마음이 그렇게 아플 수가 없었습니다. 이분이 늦둥이를 낳아서 딸이 둘 다 어립니다. 큰 딸은 열두어 살 된 것 같고 작은 딸은 한 일곱, 여덟 살 정도 된 것 같은데, 그래도 언니라고 큰 딸이 동생 손을 꼭 잡고 위로해 주고 있었습니다. 그때 그 마음이 제게 느껴지는 것이었습니다. '아, 저 아이들이 지금 얼마나 마음이 아플까! 엄마의 사랑을 받고 엄마 옆에서 어리광부릴 나이인데 엄마가 의식불명으로 병실에 누워 있으니 그 마음이 얼마나 아플까? 남편 된 분도 얼마나 안타까울까?' 이처럼 어려움에 처한 사람의 마음이 느껴지는 것이 긍휼입니다.

여러분 주위에 고통당하는 사람들의 고통을 같이 느끼는 것이 긍휼입니다. 그러므로 절대로 무관심하게 지나가지 마십시오. '이제부터는 정말 사랑하며 살리라, 용서하며 살리라, 하나님의 그 귀한 사랑을 실천하며 살리라.'고 다짐하십시오.

둘째, '자비'의 옷을 입어야 합니다.

자비는 원어 상으로 대개 '친절'을 의미합니다. 우리는 친절 훈련이 잘 안 되어 있습니다. 친절은 내가 적극성을 띠어야 합니다. 친절하려고 노력을 해야 합니다. 늘 웃어야 하고, 고개를 먼저 숙여야 하고, 상대편이 무엇이 필요한가를 살펴야 하는 것입니다. 이것이 친절입니다.

예를 들어, 엘리베이터를 탈 때 어떤 사람은 다른 사람이 올 때까지 기다리지 않고 타자마자 '닫음' 버튼을 꾹 눌러 뒤에 타

려는 사람이 문에 끼게 되는 경우가 있습니다. 이것은 다른 사람에 대한 배려가 없는 불친절한 행동입니다. 엘리베이터를 먼저 타면 '열림' 버튼을 누르고 다음 사람이 올 때까지 기다려야 합니다. 내릴 때도 여자 분이나 몸이 불편하신 분이 먼저 내리도록 엘리베이터를 잡아 주고, 다 내린 다음에 마지막으로 내려야 합니다. 우리에게 이러한 예의, 예절, 매너가 필요합니다.

셋째, '겸손'의 옷을 입어야 합니다.

겸손은 '자신을 낮추는 것'입니다. 낮아지는 훈련을 하면 하나님이 높여 주십니다. 성경은 "**하나님은 교만한 자를 대적하시되 겸손한 자들에게는 은혜를 주시느니라 그러므로 하나님의 능하신 손 아래에서 겸손하라 때가 되면 너희를 높이시리라**"(벧전 5:5-6)고 말씀합니다.

넷째, '온유'의 옷을 입어야 합니다.

온유는 '부드러운 마음'입니다. 예수 믿고 나서 강한 성격이 부드러워지시기 바랍니다. 절대로 강한 성격을 가지고는 큰일을 이룰 수가 없습니다. 온유함으로 세상을 움직여야 합니다. 역사적으로 보면 강한 성격을 갖고 사는 사람들이 문제를 항상 만들었습니다. 히틀러는 강한 성격, 즉 카리스마를 가지고 600만 유대인을 학살했습니다. 그가 온유함을 가졌더라면 세계 역사가 바뀌었을 것입니다. 성경은 "온유한 자들은 땅을 차지하며 풍성한 화평으로 즐거워하리로다"(시 37:11), "온유한 자는 복이 있나니 그들이 땅을 기업으로 받을 것임이요"(마 5:5)라고 말씀합니다.

다섯째, '오래 참음'의 옷을 입어야 합니다.

오래 참음은 '자신에게 잘못한 사람에 대해 성급하게 복수하지 않고 하나님의 판단을 기다리는 자세'입니다. 오래 참음은 성령의 열매 중 하나이며(갈 5:22), 사랑의 요소 중 하나입니다(고전 13:4).

이와 같은 다섯 가지 성품은 모두 하나님의 성품이자 예수 그리스도의 성품입니다. 예수님은 이 모든 것의 본이 되셨습니다. 그러므로 하나님의 택하신 거룩하고 사랑받는 자는 마땅히 이 다섯 가지의 옷, 즉 '예수 그리스도의 성품의 옷'을 입고 예수 그리스도를 닮아 가야 합니다.

3. 서로 용서함

예수 그리스도의 성품을 입은 그리스도인들은 '서로 용서

하며' 살아야 합니다.

> "누가 누구에게 불만이 있거든 서로 용납하여 피차 용서하
> 되 주께서 너희를 용서하신 것같이 너희도 그리하고"(골 3:13)

본문을 보면 아주 중요한 말씀이 있습니다. 용서하되 "주께서 너희를 용서하신 것같이 너희도 용서하라."는 것입니다. 예수님의 용서하심을 입은 우리는 마땅히 다른 사람을 용서해야 한다는 것입니다. 용서의 근거를 예수님께 두고 있습니다.

'용서'란 말에는 '빚을 면제하다', '은혜를 베풀다'는 의미도 들어 있습니다. 마태복음 18장에 나오는 '만 달란트 빚진 자 비유'처럼 우리는 도무지 갚을 수 없는 빚을 탕감 받은 자들입니다. 그러므로 우리에게 잘못을 저지른 사람을 용서하지 않는다면, 이는 만 달란트를 탕감 받고도 자신에게 백 데나리온 빚진 자를 옥에 가둔 악한 자와 같은 것입니다. 그러므로 성경은 다음과 같이 서로를 용서하라고 권면합니다.

> "모든 겸손과 온유로 하고 오래 참음으로 사랑 가운데 서로
> 용납하고"(엡 4:2)

"서로 친절하게 하며 불쌍히 여기며 서로 용서하기를 하나님이 그리스도 안에서 너희를 용서하심과 같이 하라"(엡 4:32)
"너희가 사람의 잘못을 용서하면 너희 하늘 아버지께서도 너희 잘못을 용서하시려니와"(마 6:14)

미국의 초대 대통령인 조지 워싱턴(G. Washington)의 청년 시절 이야기입니다. 워싱턴이 하루는 친구와 언쟁을 하다가 친구가 워싱턴을 때렸습니다. 결국 둘은 며칠 뒤 결투를 하기로 했습니다. 당시 결투한다는 것은 목숨을 내놓고 싸우는 것을 말합니다. 그런데 워싱턴은 하나님을 잘 믿는 사람이었습니다. 집에 돌아와서 기도해 보니 친구가 먼저 주먹을 휘둘렀지만 심한 말은 자기가 먼저 했던 것을 깨닫게 되었습니다.

그는 하나님께 회개하고 친구를 찾아갔습니다. 친구 옆에 있던 다른 동료들은 "어이, 조지 워싱턴, 왜 왔나? 결투하는 것을 다시 확인하러 왔나?"며 비아냥거렸습니다. 하지만 워싱턴은 친구에게 고개를 숙이고 "여보게, 내가 잘못했네. 내가 자네한테 심하게 말한 것을 용서하게."라며 용서를 빌었습니다. 사실 그 친구가 먼저 때렸는데 워싱턴이 먼저 찾아와 용서해 달라고 하니 그 친구도 미안해했습니다. "무슨 말인가, 내가 먼저

주먹을 날렸으니 내가 잘못했지. 나를 용서하게."

이 일이 있은 후 둘은 다시 아주 가까운 사이가 되었습니다. 이 모습을 지켜 본 사람은 "조지 워싱턴은 장차 큰 인물이 될 사람이야. 자기가 먼저 얻어맞고도 먼저 용서를 비는 것을 보면 보통 아량이 넓은 사람이 아니야."라고 말했다고 합니다. 정말 그 말대로 하나님께서 그를 높여 주셔서 그는 초대 대통령이 되었습니다. 이것이 바로 용서의 위대함입니다.

그런데 조지 워싱턴 대통령의 전기를 보면 더 놀라운 일이 있습니다. 1797년 두 번째 임기가 끝나자 국민들이 그에게 "당신은 이 나라를 반석 위에 굳건히 세워 놓은 분이기에 한 번 더 통치하셔도 됩니다."라며 세 번이나 대통령직을 수행하도록 건의했습니다. 하지만 그는 이렇게 말하며 깨끗이 물러났습니다.

"미국이 민주주의 국가로 바로 서려면 첫 번째 대통령인 내가 그 원칙을 잘 지켜야 합니다. 나는 두 번만 하고 물러나겠습니다. 법에 두 번 하라고 했으니 나는 두 번만 하겠습니다."

그의 깨끗한 퇴임은 미국 민주주의 발전의 기초석이 되었습니다. 사람이 올라가기는 쉬워도 내려가기는 힘든 법입니다. 그러나 신실한 그리스도인들은 낮아지는 데 머뭇거림이 없습니다. 주님만이 높임 받고 주님만이 영광 받으시면 되기 때문입니다.

4. 사랑을 옷 입음

그리스도를 닮아 새 사람이 된 우리는 '사랑을 옷 입는 자'가 되어야 합니다.

"이 모든 것 위에 사랑을 더하라 이는 온전하게 매는 띠니라" (골 3:14)
"피차 사랑의 빚 외에는 아무에게든지 아무 빚도 지지 말라 남을 사랑하는 자는 율법을 다 이루었느니라" (롬 13:8)
"사랑은 이웃에게 악을 행하지 아니하나니 그러므로 사랑은 율법의 완성이니라" (롬 13:10)

사랑은 '율법의 완성'이요, '완전하게 매는 띠'입니다. 이 사랑은 아가페 사랑을 말합니다. 즉, '아낌없이 주는 사랑, 대가를 바라지 않고 주는 사랑, 나를 희생하며 주는 사랑'을 말합

니다.

어떤 분이 아들과 딸에게 용돈을 주면서 날짜와 금액을 수첩에 일일이 적어 놓는 것을 본 적이 있습니다. 그래서 "그것을 왜 적어 놓으십니까?" 하고 물었더니 그분은 이렇게 답했습니다. "나중에 아이들이 큰 다음에 내가 이렇게 그 애들을 사랑했다는 것을 가르쳐 주려고요." 물론 나중에 돌려받으려고 청구서 적듯이 적은 것이 아니라 자신이 자녀를 위해 얼마나 희생했는지를 보여 주려고 적었던 것 같습니다.

그러나 사랑이란 '주고 잊어버리는 것'입니다. 준 것을 다시 돌려받으려고 생각하지 않는 것입니다. 돌려받으려고 생각하니까 섭섭하게 되는 것입니다. "내가 이렇게 사랑으로 베풀었는데, 내가 밥을 몇 번 사 줬는데, 내가 몇 번이나 어려울 때 도와줬는데 나한테 그럴 수가 있어?" 그렇게 되면 시험에 드는 것입니다. 그동안 사랑을 베풀었던 것이 다 무효가 되는 것입니다. 그러므로 사랑은 베풀고 잊어버리는 것입니다. 아낌없이 주고 또 주는 것입니다. 그러면 누가 갚아 주십니까? 하나님께서 넘치는 은혜로 갚으시고 채워 주시는 것입니다.

5. 그리스도의 평강이 마음을 주장함

우리는 '그리스도의 평강'이 우리 마음을 주장하게 해야 합니다.

"그리스도의 평강이 너의 마음을 주장하게 하라 너희는 평강을 위하여 한 몸으로 부르심을 받았나니 너희는 또한 감사하는 자가 되라" (골 3:15)
"그리하면 모든 지각에 뛰어난 하나님의 평강이 그리스도 예수 안에서 너희 마음과 생각을 지키시리라" (빌 4:7)

여기에 중요한 말씀이 있습니다. 마음의 평강이 '그리스도께로부터, 하나님께로부터' 온다는 것입니다.

어떤 분은 어릴 때 받은 상처를 평생 안고 살아갑니다. 너무나 마음의 고통이 심해서 잊지를 못합니다. 몇 십 년이 지나고 이제 어른이 되어 결혼하고 자녀를 낳고 살면서도 그 상처 때문에 늘 괴로워합니다. 정신적으로 안정되지 못하고 고통 가운데 삽니다. 이런 분들은 예수 그리스도의 평강이 그 마음을 주장할 때 상처를 치료 받습니다.

그래서 마음이 우울하고 답답하고 불안하고 상처가 있고 잠이 오지 않는 분들은 기도해야 합니다. "주님의 평강이 내 마음을 덮어 주옵소서. 내 마음속에 있는 모든 상처와 아픔을 치료해 주시고 내 마음에 평안함이 넘쳐 나게 하옵소서."

과거가 여러분을 변화시키지 않습니다. 과거는 지나간 것입니다. 과거에 있었던 어려움과 상처와 실패가 문제가 아닙니다. 아직도 그 과거에 붙들려 사는 것 자체가 문제입니다. 과거가 아닌 미래가 여러분을 변화시키는 것입니다. 이 미래는 오늘 우리가 만들어 냅니다. 그러므로 오늘 미래를 향하여 예수님 안에서 새로운 역사를 만들어 내시기 바랍니다. 이제부터는 내가 어떻게 주님 안에서 새로운 역사를 창조하며 살아갈 것인가에 집중해야 합니다. 항상 주님으로부터 오는 평강을 구하고 주 앞에서 감사하는 자가 되어야 합니다. 그리할 때 우리는 찬란한 미래를 향하여 전진하고 또 전진할 수 있는 것입니다.

6. 말씀 충만의 삶

우리가 그리스도의 평강을 누리고 항상 감사하기 위해서는 '말씀으로 충만해야' 합니다.

"그리스도의 말씀이 너희 속에 풍성히 거하여 모든 지혜로 피차 가르치며 권면하고"(골 3:16)

우리가 날마다 평강을 누리고 감사하는 성령 충만의 삶을 살기 위해서는 날마다 말씀으로 풍성하게 채워야 합니다. '풍성'은 부족함이 없이 흘러넘치는 것을 말합니다. 이는 예수 그리스도의 말씀이 우리의 내면에 가득 차는 것을 말합니다. "지식에까지 새롭게 하심을 입은 자니라"(골 3:10)는 말씀처럼, 말씀이 우리 안에 차고 넘쳐서 우리의 지식, 생각, 가치관에 이르기까지 꽉 들어차 있는 것을 말합니다. 그러므로 우리는 날마다 말씀을 읽고 듣고 묵상해야 합니다. 우리 속사람을 말씀으로 풍성히 채워야 합니다. 이렇게 될 때 우리는 이 세대를 본받지 않고 늘 마음을 새롭게 하여 하나님의 선하시고 기뻐하시고 온전

하신 뜻을 분별하고 그 뜻대로 사는 새 사람이 될 수 있습니다 (롬 12:2).

7. 찬양과 감사의 삶

마지막으로 우리는 '찬양과 감사'의 삶을 살아야 합니다.

"시와 찬송과 신령한 노래를 부르며 감사하는 마음으로 하나님을 찬양하고 또 무엇을 하든지 말에나 일에나 다 주 예수의 이름으로 하고 그를 힘입어 하나님 아버지께 감사하라"(골 3:16-17)
"그런즉 너희가 먹든지 마시든지 무엇을 하든지 다 하나님의 영광을 위하여 하라"(고전 10:31)

새 사람의 특징은 그 입술에 항상 찬양과 감사가 넘친다는 것입니다. 찬양과 감사는 우리 입술의 열매이자 입술로 드리는 제사입니다. "예수로 말미암아 항상 찬송의 제사를 하나님께 드리자 이는 그 이름을 증언하는 입술의 열매니라"(히 13:15). 이러한 감

사의 제사를 드릴 때 하나님은 영광을 받으시고 우리에게 구원의 능력을 베푸시고 축복을 내려 주십니다. "감사로 제사를 드리는 자가 나를 영화롭게 하나니 그의 행위를 옳게 하는 자에게 내가 하나님의 구원을 보이리라"(시 50:23).

그렇다면 무엇을 감사해야 할까요? 나 같은 죄인이 구원받아 하나님의 자녀가 되고 새 사람이 된 것을 날마다 감사해야 합니다. 오늘까지 인도해 주신 은혜를 감사해야 합니다. "내가 나 된 것은 하나님의 은혜로 된 것이니"(고전 15:10)라는 바울의 고백처럼 우리가 지금의 모습으로 변화된 것은 오직 하나님의 은혜입니다. 또한 우리를 위해 천국이 예비되어 있음을 감사해야 합니다. 뿐만 아니라 악한 이 땅 가운데서도 천국의 기쁨과 영광을 미리 맛보고 누리게 하신 것을 감사해야 합니다.

우리는 먹든지 마시든지 무엇을 하든지 하나님께 영광 돌리는 삶을 살아야 합니다. 무엇이 하나님께 영광 돌리는 삶을 사는 것입니까? 하나님을 기쁘시게 해 드리는 것입니다. 그러므로 하나님을 기쁘시게 할 것이 무엇인가를 항상 생각하면서 사시길 바랍니다. "하나님 아버지, 나의 생각이, 나의 행동이, 나의 말이 하나님을 기쁘시게 하기를 원합니다. 생각으로 죄짓지 않고, 말로 죄짓지 않고, 행동으로 죄짓지 않고, 오직 하나님

께 영광을 돌리고, 하나님을 기쁘시게 하는 삶이 되게 하소서." 날마다 이 기도를 통해 삶의 모든 영역에서 하나님께 영광을 돌리며 하나님의 축복을 누리고 나누시는 복된 그리스도인이 되시기를 바랍니다.

아내들아 남편에게 복종하라
이는 주 안에서 마땅하니라
골 3:18

10

*Jesus Christ,
the hope of glory*

열 번째 광주리

그리스도인의
축복된 대인 관계

골 3:18-4:1
COLOSSIANS

아내들아 남편에게 복종하라 이는 주 안에서 마땅하니라 남편들아 아내를 사랑하며 괴롭게 하지 말라 자녀들아 모든 일에 부모에게 순종하라 이는 주 안에서 기쁘게 하는 것이니라 아비들아 너희 자녀를 노엽게 하지 말지니 낙심할까 함이라 종들아 모든 일에 육신의 상전들에게 순종하되 사람을 기쁘게 하는 자와 같이 눈가림만 하지 말고 오직 주를 두려워하여 성실한 마음으로 하라 무슨 일을 하든지 마음을 다하여 주께 하듯 하고 사람에게 하듯 하지 말라 이는 기업의 상을 주께 받을 줄 아나니 너희는 주 그리스도를 섬기느니라 불의를 행하는 자는 불의의 보응을 받으리니 주는 사람을 외모로 취하심이 없느니라 상전들아 의와 공평을 종들에게 베풀지니 너희에게도 하늘에 상전이 계심을 알지어다

사람의 일생은 만남의 연속입니다. 즉, 관계의 일생입니다. 태어나면서 부모님을 만나 부모 자녀의 관계를 맺고, 성장하면서 형제자매의 관계를 맺고, 친구와 만나 교우 관계를 맺고, 장성하여 배우자를 만나 부부 관계를 맺고, 다시 자녀를 낳아 부모 자녀의 관계를 맺으며 살아갑니다. 우리는 이렇게 일생 동안 만남과 관계를 통해 살아갑니다. 그러므로 모든 관계가 좋은 관계가 되어야 되고 모든 만남이 좋은 만남이 되어야 합니다. 그럴 때 삶이 행복합니다. 반면에 만남이 잘못되면 인생에 큰 어려움이 다가오고 상처와 고통이 다가옵니다. 물론 우리가 인생 가운데 잘못된 만남, 실패된 만남이 있었다고 할지라도, 하나님을 만나게 되면 그 어떤 것과 비교할 수 없는 기쁨과 행복을 누릴 수 있습니다. 하나님이 주시는 사랑과 은혜로 살아가는 것이 가장 큰 기쁨이요, 축복이기 때문입니다.

그러나 '하나님과 나의 관계'뿐만 아니라 '이웃과 나의 관계'도 바로 되어야 합니다. 이 두 가지를 다 잘하는 것이 '십자가 신앙'입니다. 즉, 가로와 세로가 함께 만나는 십자가처럼, 수직적 관계와 수평적 관계를 다 잘하는 것이 온전한 신앙입니다. 앞 장에서 나와 하나님과의 관계에 대해 말씀을 드렸다면, 본 장에서는 나와 이웃과의 관계에 대해 말씀을 드리고자 합니다.

1. 가정에서의 삶

나와 이웃과의 관계에 가장 기초가 되는 것이 '가정'에서의 삶입니다. 바울 사도는 본문에서 먼저 '부부 관계'에 대한 교훈을 주고 있습니다.

"아내들아 남편에게 복종하라 이는 주 안에서 마땅하니라"(골 3:18)

"아내들이여 자기 남편에게 복종하기를 주께 하듯 하라"
(엡 5:22)

첫째, 사도 바울은 먼저 '아내의 자세'에 대해 말하고 있습니다.

바울은 부부 관계를 말하면서 왜 먼저 아내에게 복종하라고 했을까요? 이 말에 '혹시 여자가 손해 보는 것이 아닌가?'라는 생각이 들 수도 있습니다. 그러나 사실은 그렇지 않습니다.

부부는 원래 남편과 아내가 하나님 앞에서 동등하게 창조되었습니다. 그런데 창조 질서 상 남자가 먼저 지음을 받고 그 다음에 여자가 지음을 받았습니다. 그래서 창조 질서에 따라 아내는 남편을 앞세우고 남편의 뜻을 존중하고 따라주어야 합니다. 그러면 여자는 남자의 보호를 받고 남자에게 순종하므로 그 가정이 화목하게 됩니다. 한 가정에 머리가 둘일 수가 없습니다. 머리는 하나입니다. 그래서 남편을 머리로 세워 주고 남편의 뜻을 따르는 아내가 되어야 합니다. 남편을 성공시키는 아내들이 되기를 바랍니다. 성공한 남편 뒤에는 꼭 남편을 성장시키는 아내가 있습니다. 그러나 이것은 일방통행이 아니라 서로의 존경과 사랑이 기초되어야 합니다.

둘째, 사도 바울은 '남편의 자세'에 대해 말합니다.

"남편들아 아내를 사랑하며 괴롭게 하지 말라" (골 3:19)

바울은 남편에게 '아가페 사랑', 즉 희생적 사랑을 요구합니다. 에베소서 5장에서는 예수님과 교회와의 관계를 말하면서 예수님께서 교회를 위해서 희생한 것같이, 남편이 아내를 위해서 희생해야 한다고 말씀합니다. 그리하여 남편의 그 희생에 아내가 감동을 받아 아내가 자발적으로 남편의 뜻을 잘 따르고 복종하는 관계가 이루어져야 합니다. 이러한 희생과 복종이 곧 사랑의 조화입니다. 사랑하니까 아내를 위해서 희생하고, 사랑하니까 남편의 뜻을 따르는 것입니다. 가정 안에서 이러한 사랑의 조합이 있을 때 화목한 가정, 사랑이 충만한 가정, 행복한 가정을 이루게 되는 것입니다.

베드로전서 3장 7절을 보면 "남편들아 이와 같이 지식을 따라 너희 아내와 동거하고 그를 더 연약한 그릇이요 또 생명의 은혜를 함께 이어받을 자로 알아 귀히 여기라 이는 너희 기도가 막히지 아

니하게 하려 함이라"고 말씀합니다. 베드로 사도 또한 남편은 아내를 귀히 여겨야 한다고 말합니다. 아내를 무시하고 늘 자기주장만 하면 다툼이 생깁니다. 이러한 다툼을 피해야 합니다. 부부 간에 다툼이 생기면 기도가 막히기 때문입니다.

워싱턴에서 사역할 때의 일입니다. 한번은 같은 고등학교를 다니면서 친구로 지내다가 결혼하게 된 형제와 자매의 주례를 서게 되었습니다. 둘은 동갑내기였고 클래스메이트였기 때문에 연애하는 동안 종종 싸우기도 하고 화해하기도 하다가 결혼에 이르게 되었습니다. 그런데 자매가 결혼 일주일 전에 저를 찾아와서 이런 부탁을 했습니다.

"목사님, 제 남자친구가 결혼할 날만 기다리고 있어요. 목사님이 그날 에베소서 5장 24절을 읽고 '남편에게 복종하라'고 주례사를 하시면 그 말씀 가지고 나를 자기 뜻대로 하려고 벼르고 있어요. 그러니까 주례사 하실 때 제발 그 말씀은 빼 주세요."

아주 당찬 자매였습니다. 그러나 저는 결혼식 때 이렇게 말했습니다.

"에베소서 5장 24절에 분명 '그러므로 교회가 그리스도에게 하듯 아내들도 범사에 자기 남편에게 복종할지니라'고 되어 있기 때문에 성경에 있는 말씀을 뺄 수가 없습니다. 성경에 있는 가르침을 그대로 가르쳐 드리겠습니다."

어느 부부든 처음부터 조화를 이루며 살기가 쉽지 않습니다. 20년 이상 서로 각자의 삶을 살다가 하나가 되려고 하니까 어려운 것입니다. 또한 남편은 남편대로, 아내는 아내대로 자기의 주관이 강합니다. 요즈음은 예전과 달리 아내도 사회에 나가서 일을 합니다. 이렇게 둘 다 경제력을 가지고 있다 보니 자기주장이 강합니다. 서로의 주장이 강하다 보니 당연히 부딪치는 것입니다. 그렇게 서로 자기주장을 하며 부딪치다 보면 절대로 화목할 수 없습니다. 또한 부부 싸움 한 뒤에는 마음이 편하지 않습니다. 이런 것을 알면서도 싸우게 됩니다.

이에 대해 성경은 아내들에게 '먼저 남편에게 복종하라'고 권면합니다. 그러므로 가정 화목의 열쇠는 아내에게 있습니다. 남자는 단순한 데가 있어서 아내가 남편의 뜻을 잘 따라주면 그저 간이라도 빼놓을 만큼 아내를 위해 희생합니다. 남편 마음에 '아내가 나를 이렇게 사랑하고 있고 나를 위해 헌신하고 있구나!' 하는 감동이 들면 남편은 더욱 힘과 용기를 내서 밖에 나가서 뼈가 부스러지도록 일을 합니다.

또한 아내들은 말다툼을 하게 된다고 하더라도 절대로 하

고 싶은 말을 다 하면 안 됩니다. 왜냐하면 말다툼을 하면 본래 아내가 이기게 되어 있습니다. 평균적으로 남자는 하루 이천 마디 말을 하고 여자는 팔천 마디 말을 한다고 합니다. 그러니까 말싸움에서 남자가 이길 수가 없습니다. 말다툼에서 수세에 몰리면 남자는 자존심 때문에 괜히 목소리를 높입니다. 결국엔 "좀 조용히 해!" 하고 버럭 소리를 지르게 됩니다. 이렇게 부부 간에 큰 소리가 나게 되면 집안 분위기가 복잡해집니다. 그래서 집에서는 큰 소리가 나면 안 됩니다. 화가 날 때라도 말로 이기시지 말고 참아 주시고 양보해 주시기 바랍니다. 손해 보는 것 같아도 이것이 가정에 행복을 가져오는 비결입니다. 하나를 주고 열을 얻는 것입니다. 결국 우리는 자신이 하는 사랑의 섬김을 통해서 사랑을 받는 것입니다.

'남자는 머리지만 여자는 목이라서 결국 목이 움직이는 대로 머리가 간다.'는 말이 있습니다. 남자들은 시간이 흘러가면 여자들이 하자는 대로 하게 되어 있습니다. 이건은 시간문제입니다. 그러므로 아내들이 남편에게 순종하고 잘 맞춰 주다 보면 결국에는 가정이 화목하게 됩니다. 사람들은 결혼 초기부터 완전히 잡아야 한다고 생각하고 기 싸움을 합니다. 그러나 이것은 잘못된 생각입니다. 아내가 남편을 존중해 주고 위해 주면 다시 남편이 감동받고 아내를 정말 희생적으로 사랑하게 되는 것입니다.

저도 올해 결혼 30주년이 됩니다. 지난 결혼 생활을 돌아보면 집안의 큰일은 남자들이 결정하고 세세하고 섬세한 부분은 여자들이 하는 것이 지혜로운 것 같습니다. 남자가 속 좁게 장부 가지고 따지고 생활비 어디에 썼냐고 아내를 못살게 굴면 안 됩니다. 일단 남편이 아내에게 월급 통장을 주고 나면 어떻게 하든지 다 아내가 하도록 맡기고 남편은 큰일을 결정할 때만 개입해야 합니다. 이럴 때 남편과 아내가 하는 일이 아름답게 조화를 이루는 것입니다.

옛날에 중국 황제가 신하들을 다 불러놓고 "여기 있는 신하들 가운데 부인 말에 꼼짝 못하는 공처가는 다 오른쪽에 서시오."라고 말했습니다. 그러자 신하들 대부분이 오른쪽으로 섰는데 딱 한 사람만 왼쪽에 섰습니다. 그래서 황제가 "참 자네는 대단하구만!" 하고 감탄했더니 그 신하가 말했습니다. "오늘 아침에 나올 때 제 집사람이 사람 많은 데는 가지 말라고 했습니다."

이렇게 남자들이 단순합니다. 남자는 여자가 하자는 대로 하게 되어 있으니까 아내들은 남편들에게 잘해 주시기 바랍니

다. 요즘에는 아내에게 매 맞고 사는 불쌍한 남편들도 많다고 합니다. 아내들은 남편을 항상 잘해 주고 사랑으로 화목하고 좋은 관계를 이루시기를 바랍니다.

셋째, 바울은 '자녀의 자세'에 대해 말하고 있습니다.

지금까지는 부부의 관계에 대해 생각해 보았습니다. 이제는 자녀들은 어떻게 해야 하는지 생각해 보기 원합니다.

"자녀들아 모든 일에 부모에게 순종하라 이는 주 안에서 기쁘게 하는 것이니라"(골 3:20)

"자녀들아 주 안에서 너희 부모에게 순종하라 이것이 옳으니라 네 아버지와 어머니를 공경하라 이것은 약속이 있는 첫 계명이니 이로써 네가 잘되고 땅에서 장수하리라"(엡 6:1-3)

자녀들에게 주시는 가르침은 부모를 잘 받들어 섬기라는 것입니다. 부모를 공경하라고 하는 것입니다. 자녀들이 부모를 잘 섬기는 것은 하나님의 뜻입니다. 우리 한국 사람들은 '효'(孝)라고 하면 유교 사상이라고 생각하기 쉬운데 그렇지 않습니다. 성경에 있는 가르침을 유교와 불교에서 각각 배워간 것입니다. 지혜서인 잠언서의 가르침에 많은 영향을 받은 것이

유교이고, '헛되고 헛됨'을 가르친 전도서의 가르침에 많은 영향을 받은 것이 불교입니다. 그러므로 효는 유교적인 사상이 아니고 어디까지나 성경의 가르침입니다. 부모 공경은 하나님의 말씀인 성경의 가르침이라는 것을 잊지 말아야 합니다. 십계명 중에 사람과의 관계에 해당되는 계명 중 첫 번째가 바로 부모 공경입니다.

요즘은 시대가 좀 잘못되어서 옛날같이 부모님을 잘 섬기지 않습니다. 부모님이 자신을 낳아 기르면서 얼마나 고생을 했는데 자녀들은 부모님의 사랑을 잊어버리고 삽니다. 그런 불효자들이 많습니다. 우리는 정말로 부모님 살아 계실 때 부모님을 잘 모셔야 합니다. 돌아가시고 난 후에 아무리 땅을 치고 후회해도 돌아가신 부모님이 다시 살아 돌아오시지 않습니다.

또한 교회 어르신들을 내 부모님같이 잘 모셔야 합니다. 항상 옆에서 잘 보살펴드리고 그 마음에 기쁨을 드려야 합니다. 부모님을 모시고 살지 않는 분들은 자주 연락도 드리고 때때로 맛있는 음식도 사 드리고 또 필요할 때 쓰시라고 용돈도 자주 갖다 드려야 합니다.

자신의 부모님에게 무관심하면 그 자녀들이 보고 배웁니다. '아, 나도 크면 저렇게 무관심해도 되는구나.' 하고 자녀들이 은연중에 배우는 것입니다. 그러나 부모가 할아버지, 할머니를 잘 섬기면 자녀들이 '우리 어머니, 아버지가 할머니, 할아버지를 저렇게 잘 모시니까 나도 커서 우리 어머니, 아버지를 잘 모셔야 되겠다.'라고 생각하는 것입니다. 이러 면에서 우리들은 더욱 부모님을 잘 섬기는 본을 보여야 합니다. 이렇게 할 때 하나님께서 그 가정에 복을 내려 주십니다. 우리 한국이 하나님께 복을 받은 이유 중 하나가 자녀들이 부모를 잘 섬겼기 때문입니다. 성경의 가르침대로 자녀들이 부모를 잘 섬기니까 이 나라가 하나님의 복을 많이 받고 있는 것입니다. 그러므로 주 안에서 부모님을 잘 섬겨서 주님의 칭찬을 받는 우리 그리스도인이 되어야 할 것입니다.

넷째, 사도 바울은 '부모의 자세'에 대해 말하고 있습니다.

"아비들아 너희 자녀를 노엽게 하지 말지니 낙심할까 함이라" (골 3:21)
"아비들아 너희 자녀를 노엽게 하지 말고 오직 주의 교훈과 훈계로 양육하라" (엡 6:4)

이 말씀의 의미는 부모의 욕심 때문에 자녀들이 원치 않는 일을 강제로 시키지 말라는 것입니다. 부모의 뜻에 따르도록 강권해서 자녀들의 마음이 상하지 않게 하라는 것입니다. 예를 들면 자녀는 노래를 좋아해서 앞으로 노래를 부르는 사람이 되겠다고 하는데 "너는 절대 노래 부를 수 없다."고 야단치고 좌절시키면 안 됩니다. 옛날에는 음악 하는 사람들은 배고프다고 부모들이 못 하게 했습니다. 그런데 하나님께서 주신 본인의 재능이 그쪽이면 그 재능을 발휘할 수 있도록 해 주는 것이 하나님의 뜻입니다.

제가 개인적으로 존경하고 가까이 지내는 박준서 박사님이라는 분이 계십니다. 지금은 경인여자대학교 총장이신데 그분 위로 누님이 여섯이나 계십니다. 딸 여섯에 아들 하나입니다. 그러니 박준서 박사님이 어렸을 때 얼마나 귀하게 자랐겠습니까? 박사님의 아버지께서 판사이셨는데 아들이 태어나니까 "너도 나를 따라서 판사가 되라."고 해서 박사님은 서울대 법대를 들어갔습니다. 박사님의 아버지는 아들이 대학을 졸업하고 사시를 봐서 판사가 되기를 원했습니다.

그런데 박사님이 대학을 졸업하고 예수를 믿어 은혜를 받더니 주의 종이 되기로 결심했습니다. 아버지는 아들의 뜻을 전혀 이해하지 못했기 때문에 노발대발하셨습니다. "서울 법대 나와서 판사 될 사람이 갑자기 뭐에 씌워서 출셋길을 다 저버리고 고생길로 가려느냐?" 결국 아버지와 아들 사이에 갈등이 생기게 되었습니다. 그래도 박사님은 "저는 주의 종이 되어야겠습니다."라고 말씀드리고 연세대학교 신과대학을 졸업하고 미국에 유학을 갔습니다. 박사님의 아버지는 그 일로 굉장히 섭섭해하셨습니다. 이후 박사님이 예일대학교를 졸업하고 다시 프린스턴대학교에서 박사 과정을 하고 있을 때였습니다. 아버지가 위독하시다는 소식을 듣게 되었습니다. 그래서 잠시 귀국하려고 연락을 하니 아버지께서는 "자네가 그렇게 원하고 소원하던 것을 하고 있으니 박사 학위 다 마치고 돌아오게."라고 말씀하셨습니다. 그리고 박사님의 아버지께서는 임종하시기 전에 아들이 하는 일을 격려해 주시고 세상을 떠나셨습니다.

그 후 박사님은 신학 박사가 되어서 한국에 돌아와 연세대학교에서 후학을 양성하시다가 은퇴 후에는 경인여자대학교 총장으로 헌신하고 계십니다. 박사님의 경우에는 하나님께서 결국 합력하여 선을 이루어 주셔서 부모님의 격려와 허락을 받으셨습니다. 하지만 옛날 부모님들은 자식과 싸워서라도 부모님의 뜻대로 결정하는 경우가 많았습니다. 그래서 자녀들의 마음에 깊은 상처를 남겨 주었습니다.

그런데 성경은 자녀를 노엽게 하지 말라고 교훈합니다. 아이들이 열정을 잃어버리고 낙심할 수 있기 때문에 아이들이 원하는 뜻을 따라 격려하고 키워 주라는 것입니다. 그러므로 자녀들의 재능이 어디 있는가를 잘 살펴보고 재능에 따라 자녀들을 길러야 합니다.

우리가 잘 아는 이원숙 여사는 자녀 일곱 명이 다 음악을 잘했습니다. 그 중에서도 정경화, 정명화, 정명훈, 이 세 명은 아주 뛰어났기 때문에, 이원숙 여사는 이들이 전적으로 재능을 발휘할 수 있도록 밀어주었습니다. 그리하여 지금과 같은 세계적인 음악가로 쓰임 받게 된 것입니다.

정경화씨는 자신이 어릴 때 어머니가 단 한 번도 "너 이렇게 못하니? 너 그렇게 해서 되겠니?"라고 야단친 적이 없다고 합니다. 대신 "하나님이 너를 세계 최고의 음악가로 만들어 줄 거야."라고 늘 칭찬해 주었다고 합니다. 그녀는 어머니의 이 칭찬에 큰 힘을 얻어 바이올린 연습을 더 열심히 하여 세계적인 음악가가 되었습니다. '그 어머니에 그 딸'이라는 말처럼 어머니는 딸을 격려하고 딸은 또 어머니의 격려와 응원에 힘입어 세계적인 음악가로 발돋움하게 된 것입니다.

그런데 자꾸 자녀를 야단치고 밤낮 쥐어박고 인격적으로

상처를 주면 자녀들은 기를 펴고 자랄 수가 없습니다. 자녀들이 좀 실수를 하고 공부를 좀 못해도 사랑해 주시기 바랍니다. 요즘은 공부만 잘한다고 성공하는 것이 아닙니다. 그저 칭찬해 주고 격려해 주십시오. 자꾸 격려를 받다 보면 본인이 하나님의 은혜 가운데 정신 차리고 최선을 다해서 부모님을 기쁘게 할 때가 올 것입니다. 아이들도 부모님의 마음을 모르는 게 아닙니다. 알지만 부모님이 자꾸 야단치면 반발심이 생겨 더 대드는 것입니다. 그러므로 부모님들은 자녀들을 위해서 기도를 많이 하고 이들이 하나님 은혜 가운데 잘 자랄 수 있도록 칭찬과 격려를 아끼지 말아야 합니다. "내가 너를 사랑한다. 하나님이 너를 사랑한다."라고 날마다 사랑으로 권면하면서 바로잡아 주시기를 바랍니다.

2. 직장에서의 삶

그리스도인들은 직장에서 어떠한 삶을 살아야 할까요? 바울이 살던 시대에는 노예가 많았습니다. 그래서 바울이 말한 주인과 종의 자세를 통해 우리가 직장에서 어떤 자세를 가져야 하는지 살펴보겠습니다.

첫째, 사도 바울은 '종의 자세'에 대해 말합니다.

"종들아 모든 일에 육신의 상전들에게 순종하되 사람을 기쁘게 하는 자와 같이 눈가림만 하지 말고 오직 주를 두려워하여 성실한 마음으로 하라"(골 3:22)
"종들아 두려워하고 떨며 성실한 마음으로 육체의 상전에게 순종하기를 그리스도께 하듯 하라 눈가림만 하여 사람을 기쁘게 하는 자처럼 하지 말고 그리스도의 종들처럼 마음으로 하나님의 뜻을 행하고 기쁜 마음으로 섬기기를 주께 하듯 하고 사람들에게 하듯 하지 말라"(엡 6:5-7)

일하는 사람들에게 요구되는 것은 '성실함'입니다. 그런데 그리스도인의 성실함은 의미가 남다릅니다. 그리스도인의 성실함은 하나님 앞에서 일하듯이 일을 하는 것입니다. 사람이 보면 열심히 일하고 사람이 보지 않으면 일하지 않는 것이 아니라 사람이 보든지 안 보든지, 알아주든지 안 알아주든지 성실하게 최선을 다하는 것을 말합니다. 그리고 그런 사람에게는 하나님께서 복을 내려 주십니다. 이런 사람들이 회사에 많으면

246 • 영광의 소망 예수 그리스도

그 회사가 복된 회사입니다. 그런 사람 때문에 회사가 잘되게 되고 하는 일마다 큰 복을 받게 되는 것입니다. 그런데 성실하지 못한 사람은 회사에 누를 끼칩니다. 그래서 회사에서 사람을 뽑을 때에는 회사의 최고 책임자가 꼭 마지막에 직접 면접을 합니다. 얼마나 성실하고 최선을 다할 수 있는지 그 충성도를 보고 뽑기 위해서입니다.

삼성그룹에 이병철 회장이 살아 있을 때도 맨 마지막 면접 시험은 회장이 직접 보고 최종적으로 결정했다고 합니다. 아무리 똑똑하고 이력서가 훌륭하고 모든 것을 갖추었어도 마지막 회장 면담에서 회장의 마음을 감동시키지 않으면 불합격이었다고 합니다.

제가 언젠가 대한항공에서 인사를 맡았던 분의 얘기를 들어본 적이 있습니다. 대한항공 인사 담당자였으면 얼마나 많은 사람들을 보겠습니까? 그렇게 수만 명을 보다 보니까 경험이 쌓여서 사람을 한 번만 봐도 성실한지 그렇지 않은지 느낌이 온다고 합니다. 그런 면에서 인상, 특히 첫인상이 중요합니다. 그 사람이 풍기는 인상을 통해 우리는 그 사람의 됨됨이를 짐작할 수 있습니다.

무엇보다 예수 믿는 사람은 늘 얼굴이 밝아야 합니다. 온 세상의 모든 문제를 다 짊어지고 사는 것처럼 인상을 쓰고 살면 안 됩니다. 그러려면 늘 우리의 마음이 주님 안에서 평안해야 합니다. 그래야 얼굴도 편안합니다. 마음 가운데 주님이 주신 평안함과 기쁨이 넘쳐서 늘 웃고 사시기를 바랍니다.

성경은 "**항상 기뻐하라**"(살전 5:16)고 말했습니다. 성경 어디에도 인상 쓰고 살라는 말씀이 없습니다. 그러니 늘 웃고 기뻐하고 즐거워하고 감사하며 살아야 합니다. 무엇을 먹어도 맛있게 먹고 무엇을 해도 즐겁게 일을 하면 하나님께서 그런 사람에게 성공이라는 보너스를 주십니다.

특별히 예수 믿는 사람들이 더욱 성실해야 합니다. 회사에 가서 일을 잘해야 합니다. 사고를 일으키면 안 됩니다. 적당히 일하고 그저 밤낮 나가서 시위나 하면 안 됩니다. 우리나라 노사 문화 가운데 고쳐야 될 것이 있습니다. 바로 노사 간에 너무나 극렬한 대립이 많이 생긴다는 것입니다. 성실함으로 일하면 경영주가 감동을 받아 사원들을 위해 더 베풀어 주게 되어 있습니다.

둘째, 사도 바울은 '주인의 자세'에 대해 말하고 있습니다.

"상전들아 의와 공평을 종들에게 베풀지니 너희에게도 하늘

에 상전이 계심을 알지어다"(골 4:1)

"상전들아 너희도 그들에게 이와 같이 하고 위협을 그치라 이는 그들과 너희의 상전이 하늘에 계시고 그에게는 사람을 외모로 취하는 일이 없는 줄 너희가 앎이라"(엡 6:9)

주인, 즉 회사의 경영주는 '의'와 '공평'을 베풀어야 합니다. 이러한 의와 공평은 하나님이 온 우주를 다스리시는 원리요, 하나님의 마음입니다. 회사의 경영주뿐만 아니라 모든 권력자나 통치자들은 그들 위에 더 높으신 '상전', 즉 하나님이 계시다는 것을 명심해야 합니다. 그러므로 경영주를 포함한 모든 지도자들은 하나님의 원리와 마음을 가지고 의와 공평으로 아랫사람들을 대해야 합니다.

앞에서도 말씀 드렸듯이 김동수 장로님이 경영하시는 한국도자기는 해고가 없습니다. 장로님이 온 사원을 가족처럼 매우 사랑하니 가족들도 대를 이어 회사에 충성을 다하기 때문입니다. 그런데 김동수 장로님이 직원을 해고하지 않게 된 데에는 특별한 사건이 있었다고 합니다.

어느 날 한국도자기의 도자기 굽는 가마에 불이 났다고 합니다. 그 도자기 굽는 가마가 터지면 공장이 문을 닫게 되고 큰 피해를 입게 될 형편이었습니다. 그런데 직원들이 곧 터질지도 모르는 불가마에 뛰어 올라가서 자기 옷을 덮어 불을 껐다고 합니다.

어떻게 그토록 회사를 사랑할 수 있을까요? 해답은 회장님에 대한 신뢰였습니다. 직원들은 회장님이 자신들을 가족과 같이 사랑하신다는 것을 알기 때문에 언제 터질지 모르는 가마에 뛰어 올라간 것입니다. 그것을 본 장로님은 "저렇게 목숨을 바쳐서 회사에 충성하는 사람들을 내가 어떻게 버릴 수 있는가!"라고 생각했습니다. 그래서 그 뒤로는 일단 회사에 들어오면 단 한 사람도 해고하는 일 없이 늘 사원들을 믿고 일을 맡긴다고 합니다. 또 그렇게 회장님이 직원들을 믿고 일을 맡기니까 직원들은 더 열심히 일해서 회사가 생긴 이래 한 번도 노사분규가 없었다고 합니다. 어떤 회사는 회사가 생긴 이래 해마다 노사분규로 몸살을 앓는다고 합니다. 또 어떤 회사는 노사분규를 20년째 하고 있다고 합니다. 몇 십 년 동안 한 번도 노사분규가 없는 회사와 20년 동안 밤낮 노사분규만 하는 회사가 얼마나 차이 나겠습니까?

특별히 사업을 하시고 기업을 경영하시는 분들은 직원들에게 존경 받는 CEO들이 되기를 바랍니다. 예수님처럼 존경받는

지도자가 되시기를 바랍니다. 사원들이 존경하는 사장이 되면 그 회사는 잘되는 것입니다. 그러나 사원들의 존경을 받지 못하고 사원들이 돌아서서 흉을 보는 사장이라면 곤란합니다. 그러므로 일하는 사람은 성실함으로 일해야 합니다. 주인은 의로움과 공평함으로 직원들을 늘 인격적이고 정당하게 대우하고 인정해 주어야 합니다. 그리할 때 노사 간에 아름다운 관계를 이뤄 회사가 크게 부흥되는 역사가 있게 될 것입니다.

부부가 화목하고, 자녀들이 부모를 공경하고, 부모가 자녀를 인격적으로 존중해 주고, 회사의 직원들이 성실함으로 일하고, 기업주들은 직원들을 가족같이 아끼고 사랑하게 되기를 바랍니다. 이와 같이 모든 대인 관계가 아름다워져서 한국 사회가 예수 그리스도의 나라로 변화되는 놀라운 역사가 있게 되기를 주님의 이름으로 축원합니다.

기도를 계속하고
기도에 감사함으로 깨어 있으라
골 4:2

11

*Jesus Christ,
the hope of glory*

열한 번째 광주리

기도와 권면

골 4:2-6
COLOSSIANS

기도를 계속하고 기도에 감사함으로 깨어 있으라 또한 우리를 위하여 기도하되 하나님이 전도할 문을 우리에게 열어 주사 그리스도의 비밀을 말하게 하시기를 구하라 내가 이 일 때문에 매임을 당하였노라 그리하면 내가 마땅히 할 말로써 이 비밀을 나타내리라 외인에게 대해서는 지혜로 행하여 세월을 아끼라 너희 말을 항상 은혜 가운데서 소금으로 맛을 냄과 같이 하라 그리하면 각 사람에게 마땅히 대답할 것을 알리라

사도 바울은 골로새 교회에 보내는 편지를 마무리하면서 그들에게 기도를 요청한 후 권면의 말씀을 하고 있습니다. 사도 바울은 골로새 교인들이 기도에 항상 힘쓰며 감사함으로 늘 깨어 있기를 부탁했습니다. 뿐만 아니라 그들이 특별히 자신을 위해 기도해 주시기를 원했습니다. 즉, 전도의 문이 계속 열려서 그리스도의 복음을 잘 전달할 수 있게 해 달라고 요청한 것입니다. 또한 주변의 불신자들과의 관계에서 그들이 어떻게 처신해야 할지에 대해 권면하고 있습니다. 즉, 지혜로 행하고 세월을 아끼고 은혜를 끼치는 말을 하라는 것입니다. 우리도 이 말씀을 통해 항상 기도에 힘쓰고 지혜롭게 세월을 아끼며 은혜로운 말로 그리스도인의 덕을 전하는 자들이 되어야 할 것입니다.

1. 기도의 요청

"기도를 계속하고 기도에 감사함으로 깨어 있으라" (골 4:2)

사도 바울은 골로새 성도들에게 기도를 요청하면서 먼저 '기도의 자세'에 관해 말하고 있습니다.

첫째, 올바른 기도의 자세는 기도에 '항상' 힘쓰는 것입니다.

"기도를 계속하고"(2절). 우리는 급할 때만 기도하는 것이 아니라 주님 앞에서 변함없이 기도드리는 삶을 살아야 합니다. 다시 말해 "꾸준하게, 계속해서, 변함없이 기도하기를 힘쓰라."는 것입니다. 즉, 이는 기도하는 일에 열심을 다하고 최선을 다하라는 것입니다. 기도하다가 낙심해서 중간에 포기하지 말고 중단하지 말라는 것입니다. 절대로 회의에 빠져서 기도를 게을리 하지 말 것을 우리에게 경고해 주고 있습니다.

그런데 우리에게 시험이 다가올 때 제일 먼저 하기 싫은 것

이 기도입니다. 그러나 그런 맘이 들면 즉시로 물리쳐야 합니다. 기도하기 힘들 때일수록 더 열심히 기도해야 합니다. 때론 찬송으로 기도를 해도 좋습니다. 찬송은 곡조 있는 기도이므로 "오 주님 채우소서 나의 잔을 높이 듭니다"와 같이 여러분의 마음을 쏟아 놓을 수 있는 찬송을 부르십시오. 찬송을 부르고 마음의 문을 열면 성령의 은혜가 임해서 주님 앞에 간절히 기도드릴 수 있게 됩니다.

창세기 6장을 보면 노아의 방주가 나오는데, 이 노아의 방주의 길이가 150m입니다. 높이는 30m 정도 되는데 이는 10층이 넘는 건물의 높이입니다. 그런데 그렇게 큰 배에 창문이라고는 3층 꼭대기에 있는 단 하나밖에 없었습니다. 이처럼 우리가 이 세상을 살아가는 동안에 필요한 것은 '기도의 창문'밖에 없습니다. 세상을 향한 모든 창문을 다 닫고 기도의 창문을 열어 놓아야 합니다.

홍콩에 가면 아주 믿음이 좋은 선홍카이(新鴻基)라는 분이 있습니다. 그분은 홍콩에서 세 번째로 큰 재벌인데, 약 500억이 넘는 돈으로 6년 넘게 걸려서 노아의 방주를 실제 크기로 만들었습니다. 직접 보면 그 크기가 대단합니다. 제가 그것을 지을 때 두 번 가서 기도해 드렸는데, 이분을 만나 보니 아주 믿음이 좋은 분이었습니다. 그분은 중국에 있는 많은 사람들이 홍콩에 와서 그곳에 지어진 노아의 방주를 보고 예수 믿게 되기를 원했습니다.

하지만 반대도 많았습니다. "왜 큰 배를 이곳에 만들어야 되냐?"고 여기저기에서 비판했습니다. 그러나 그는 그 반대를 무릅쓰고 마침내 배를 다 완성했습니다. 홍콩 가시는 분들은 꼭 한번 방문해 보시기 바랍니다. 그 안에 예배실, 회의실, 식당, 호텔, 서점 등 없는 것이 없습니다. 그런데 그 배에도 진짜 노아의 방주처럼 창문이 하나밖에 없습니다.

우리가 이 세상을 살아가는 동안에 세상을 바라보고, 사람을 바라보고, 자신을 바라보고, 환경을 바라보면, 자꾸 염려와 근심, 걱정이 들어옵니다. 그러므로 염려와 근심과 걱정을 하게 만드는 창들은 다 닫아 놓고 하늘로만 창문을 열어 놓아야 합니다. 세상을 향한 모든 것들을 차단하고 주님만 바라보아야 합니다. 이렇게 주님을 향해 간절히 기도하고 감사하고 찬양하면 하나님의 은혜가 폭포수와 같이 우리에게 임합니다.

어느 집사님은 저에게 와서 새벽기도회에 참석하니 너무 좋다며 "목사님, '열두 광주리' 하지 말고 '365광주리' 해요."라고 말하는 것이었습니다. 이처럼 기도의 문을 365일 항상 열

어 놓고 늘 주님 앞에 나아가시기 바랍니다.

둘째, 올바른 기도의 자세는 '감사'의 기도를 드리는 것입니다.

"기도에 감사함으로"(2절). 우리는 집중적으로 기도하되 늘 감사함으로 해야 합니다. 감사 부재의 기도는 신속한 응답을 가져오지 않습니다. 늘 넘치는 감사로 기도해야 합니다. 그런데 이러한 감사의 기도를 드리려면 먼저 회개하고 내 생각과 고집과 염려와 걱정과 근심을 내려놓는 기도를 해야 합니다. 여러분의 염려와 근심, 걱정을 다 내려놓아야 합니다. 여러분의 고집도 내려놓고, 여러분의 생각도 내려놓고, 다 내려놓아야 합니다. 여러분의 생각에 꽉 사로잡혀서 그대로 하려고 하다 보니 감사치 못하게 되고 그 결과 되는 일도 없는 것입니다.

요나를 생각해 보십시오. 요나는 니느웨로 가라는 하나님의 음성을 듣고도 니느웨로 가지 않고 자기 고집대로 다시스로 가 버렸습니다. 요나는 '니느웨 사람들은 다 나쁜 사람들인데, 내가 가서 말씀을 전하면 저 사람들이 다 회개할 것이 아닌가? 그것은 뭔가 잘못된 것이 아닌가?'라고 생각했습니다. 그래서 그는 니느웨 사람에게 가지 않고 다시스로 간 것입니다. 모두 자기 생각입니다. 그러니까 풍랑을 만난 것입니다. 그 뒤 그는 물고기 배 속에 들어가 그 속에서 3일 동안 회개하고 난 다음 결국 니느웨로 가게 되었습니다.

그러므로 기도란 무엇입니까? '내려놓는 훈련'입니다. 내 생각을 내려놓고, 내 계획도 내려놓고, 주님께 다 맡기는 것, 이것이 기도입니다.

몽골 선교사로 사역하고 계신 이용규 선교사님에게는 동현이라는 아들이 있습니다. 어느 날 아들 동현이가 장난감 가게에서 버즈라고 하는 장난감을 사 달라고 졸랐습니다. 그래서 동현이에게 그것을 사 주려고 계산대에 가서 "그거 내놔라."고 했습니다. 하지만 동현이는 그것을 두 손에 꼭 쥐고 내놓지를 않는 것이었습니다. 내놔야 바코드를 찍어서 계산할 것 아닙니까? 그래서 선교사님이 "그거 내놔야지 계산하지." 그랬더니 아이는 "안 돼요!" 하면서 계속 주지 않았습니다. 이번에는 점원이 나서서 달라고 하니까 뺏기는 줄 알고 막 울더랍니다. 아이가 너무 어려서 돈을 주고 물건을 계산해야 자기 것이 되는 줄 몰랐던 모양입니다. 결국 선교사님은 동현이가 너무 꽉 붙잡고 안 내놓으니까 동현이를 계산대 위로 번쩍 들어 올려서 계산을 했다는 것입니다. 그러고는 "봐라, 이건 삑 하고 찍어야 네 것이 되는 거야."라고 했더니 그제서야 아이가 알아들었다

고 합니다.

마찬가지로 우리가 기도할 때 우리의 어리석은 고집을 내려놔야 응답이 우리의 것이 됩니다. 고집불통이 되어서 사람들과 타협도 안 하고 늘 자기 생각만 이야기하고 자기주장만 하면서도 "주여! 응답해 주시옵소서." 하면 무슨 응답을 받겠습니까? 우리 자신이 먼저 내려놓아야 합니다. 다른 사람들과도 먼저 화목한 관계가 되어야 합니다. 늘 주님 앞에 내려놓는 훈련을 하시기 바랍니다. '나'라고 하는 자존심도 내려놓고, 고집도 내려놓고, 내 생각을 다 내려놓아야 합니다. 그래야 모든 것에 감사하게 되고 하나님의 은혜를 받을 수 있는 것입니다.

셋째, 올바른 기도는 영적으로 '깨어 있는' 기도입니다.

"깨어 있으라"(2절). 우리는 영적인 잠에 빠지지 않도록 주의해야 합니다. 항상 기도하는 삶을 살아야 영적인 잠에 빠지지 않을 수 있습니다. 기도가 게을러지는 것은 기도 응답을 잘 받지 못해서입니다. 그렇다면 어떻게 기도를 해야 하나님 앞에 상달되는 기도를 드릴 수 있을까요? 막연하게 기도하면 안 됩니다. 구체적으로 기도해야 합니다.

우리가 자녀를 위해서 기도할 때도 "우리 아이가 잘되게 해 주십시오."라고 막연하게 기도하지 말고, "하나님 아버지, 우리 아이에게 집중력을 주시고 건강을 주시고 마음에 예수님을 잘 믿는 마음도 주셔서 장차 하나님의 영광을 위해서 귀하게 쓰임 받게 하여 주시옵소서."라고 기도해야 합니다. 이처럼 구체적으로 하나님 앞에 낱낱이 자기 가정을 위해서, 부모님을 위해서, 남편을 위해서, 아내를 위해서 기도하면 하나님이 들으신 그대로 응답해 주십니다. "낙숫물이 댓돌을 뚫는다."는 말이 있습니다. 아주 작은 물방울도 한 자리에 계속 떨어지다 보면 단단한 바위도 뚫을 수 있다는 말입니다. 기도가 그와 같은 것입니다. 불가능을 가능케 만드는 것입니다. 기도는 물방울이 바위를 뚫는 것과 같은 기적을 만들어 냅니다. 하나님이 함께하시기에 우리 기도에는 놀라운 능력이 있습니다.

또한 우리가 기도할 때 이웃을 위한 '중보 기도'를 잊지 말아야 합니다. 이 중보 기도에 큰 은혜가 있습니다.

> "또한 우리를 위하여 기도하되 하나님이 전도할 문을 우리에게 열어주사 그리스도의 비밀을 말하게 하시기를 구하라 내가 이 일 때문에 매임을 당하였노라" (골 4:3)

데살로니가전서 5장 25절에서도 다음과 같이 말씀합니다.

"형제들아 우리를 위하여 기도하라". 이것은 주의 종을 위해서 중보 기도를 해야 한다는 것입니다. 특별히 주의 종을 통해서 '복음의 문이 열리게 하여 주옵소서.'라고 기도해야 합니다. 중보 기도에는 큰 능력이 있습니다.

독일이 통일된 것은 교회가 기도했기 때문입니다. 동독의 교회와 서독의 교회가 날마다 모여서 "하나님 아버지, 저 베를린 장벽이 무너지고 하나 되게 하여 주옵소서."라고 기도했습니다. 그 결과 베를린 장벽이 무너지고 독일은 통일이 되었습니다. 독일의 통일을 연구하는 사람들에 의하면 통일이 말 그대로 하루아침에 된 것은 오랫동안 동독과 서독의 교회가 서로 교류하면서 기도했기 때문이라고 합니다. 우리 역시 나라를 위해서 기도할 때 휴전선이 무너지고 남북이 통일되는 역사가 다가올 줄로 믿습니다.

우리나라는 1945년에 해방이 되었고 2015년이면 해방된 지 70년이 됩니다. 그리고 1948년에 대한민국 정부가 수립되었기 때문에 2018년이면 대한민국이 생긴 지 70년이 되는 해입니다. 이스라엘 민족의 바벨론 포로 생활이 70년이었음을 생각해 보았을 때 2015년에서 2018년 사이에 어떠한 놀라운 일이 일어날지 모릅니다. 그러므로 기도해야 됩니다. 하나님이 하시면 불가능이 없습니다. 바벨론의 포로들이 끌려가서 70년이 지날 동안 그들은 희망을 다 잃어버렸습니다. "언제 우리가 이 노역에서 벗어날 것인가?" 하고 낙심해 있을 때 갑자기 하나님께서 그들을 포로 생활에서 자유롭게 만들어 주셨습니다. 바로 그처럼 북녘 땅에도 놀라운 구원의 역사가 일어날 것을 믿습니다. 이를 위해서 기도해야 합니다. 기도하고 또 기도하면 하나님의 기적이, 하나님의 축복이, 하나님의 은혜가 나타나게 되는 것입니다. 그러므로 우리는 절대로 기도를 소홀히 하면 안 됩니다. 기도를 통해 하나님께 더 가까이 나아가야 합니다.

특별히 '합심 기도'가 능력이 있습니다. 주님께서도 "두세 사람이 내 이름으로 모인 곳에는 나도 그들 중에 있느니라"(마 18:20)고 하셨습니다. 그렇기 때문에 기도의 파트너가 있어야 합니다. 가정에서는 부부가, 부모와 자녀가 기도의 파트너가 되어 기도해야 합니다. 구역 식구들이 기도의 파트너가 되어 기도해야 합니다. 기도 제목을 같이 놓고 함께 합심으로 기도해야 합니다. 이렇게 기도 제목을 놓고 함께 기도하면 하나님께서 그 기도를 통하여 신속한 응답을 우리에게 가져다주십니다. 항상 이러한 기도의 공동체를 이루시기를 바랍니다.

2. 권면

바울 사도는 기도의 자세에 대해 말한 뒤에 몇 가지 권면을 합니다.

첫째, 바울은 '외인에 대한 자세'에 대해 권면하고 있습니다.

사도 바울은 외인, 즉 우리 주변에 있는 불신자들에 대해 우리가 어떠한 자세를 가져야 할지를 말해 주고 있습니다.

"외인에게 대해서는 지혜로 행하여 세월을 아끼라"(골 4:5)

먼저, 우리는 외인에 대해서 '지혜롭게 행해야' 합니다.

우리는 세상에 속한 자들은 아니지만 세상 가운데 사는 자들입니다. 그렇기 때문에 이 세상에 물들지 않으면서도 세상을 변화시키는 삶을 살아야 합니다. 데살로니가전서 4장 12절에서도 "이는 외인에 대하여 단정히 행하고 또한 아무 궁핍함이 없게 하려함이라"고 말씀합니다. 우리가 인간관계를 가질 때 그리스도인으로서 아름답고 단정한 모습으로 그들에게 감화를 끼쳐야 한다는 것입니다.

그러기 위해서는 지혜롭게 행해야 합니다. '지혜롭게 행하라'는 말씀은 하나님의 지혜, 성경의 지혜, 성경의 진리를 가지고 사람들을 대하라는 것입니다. 우리가 사람을 만나고 교제할 때에는 항상 성경의 기준을 가지고 하나님의 진리로 무장한 뒤에 사람을 만나고 교제해야 합니다. '무리의 법칙'이라고 해서 좋은 사람은 좋은 무리 속에 항상 어울리게 되고, 나쁜 사람은 나쁜 무리 속에 항상 어울리게 됩니다. 그러므로 우리는 주의 말씀으로 항상 마음을 새롭게 해서 우리가 만나는 모든 사람들에게 주님의 은혜를 끼쳐야 합니다. 에베소서 5장 15절에서도 "그런즉 너희가 어떻게 행할지를 자세히 주의하여 지혜 없는 자같이 하지 말고 오직 지혜 있는 자같이 하여"라고 말씀하고 있습니다.

또한 우리는 이웃에 대해 '세월을 아껴야' 합니다. 세월을 아낀다는 것은 '시간을 낭비하지 말고 기회를 잘 포착해서 그 시간을 가장 잘 활용하라.'는 의미입니다. 에베소서 5장 16절에서도 "세월을 아끼라 때가 악하니라"고 말씀하고 있습니다. 이와 같이 우리는 우리에게 주어진 시간을 낭비하지 말고 우리 주변의 이웃들에게 복음을 전할 기회를 잘 포착하여 가장 가치 있는 일인 '복음 전파'에 귀중한 시간을 사용해야 할 것입

니다.

둘째, 사도 바울은 '그리스도인의 언어생활'에 대해 권면하고 있습니다.

> "너희 말을 항상 은혜 가운데서 소금으로 맛을 냄과 같이 하라 그리하면 각 사람에게 마땅히 대답할 것을 알리라"(골 4:6)

우리는 말을 할 때 항상 은혜 가운데서 소금으로 맛을 내는 것처럼 말해야 합니다. 그리스도인의 말에는 늘 은혜가 충만해야 합니다. 기쁨이 충만해야 합니다. 감사가 충만해야 합니다. 그래서 우리가 사람들과 대화할 때에는 은혜로 충만한 상태에서 대화해야 합니다. 마음이 기쁠 때, 감사가 넘쳐날 때, 그럴 때 대화가 잘됩니다. 예수님께서도 사람이 마음에 가득한 것을 입으로 낸다고 하셨습니다(눅 6:45).

화가 치밀어 오를 때, 마음속에 원망과 불평이 가득 찼을 때에는 대화하면 안 됩니다. 그럴 때에는 하나님 앞에 엎드려 기도해야 합니다. "하나님, 내 속이 너무 상합니다. 견딜 수가 없습니다. 제 마음을 풀어 주시옵소서." 하고 하나님께 아뢰어야 합니다. 부부끼리 싸우고 나서 괜히 화풀이를 자녀에게 하는 경우가 많습니다. 그러면 자녀들은 속으로 '아니, 엄마 아빠가 싸워놓고선 왜 나한테 이러시나?' 합니다. 그러므로 마음에 분노가 치밀 때에는 절대로 말하면 안 됩니다. 그때는 그 자리에 있지 말고 잠시 다른 곳에 가서 감정을 가라앉혀야 합니다. 우리가 감정이 상했을 때 사람과 대화하면 내 속에서 독이 나가기 때문입니다. 상대편을 아프게 하고 상처 입히게 하고 그의 인격을 손상시키는 그런 독이 나옵니다.

여러분의 마음이 항상 은혜로 충만하여 간을 내기에 딱 맞는 양의 소금을 넣는 것처럼 지혜로운 말을 해야 합니다. 그래서 절대로 남에게 상처 주는 말을 하지 말아야 합니다. 어떤 사람은 말을 하더라도 듣는 사람이 가장 기분 나빠하는 말만 잘 골라내서 합니다. 또 어떤 사람은 부정적인 이야기를 할 때에는 재미있게 열심히 이야기하다가도 남을 칭찬하는 이야기를 할 때에는 꿀 먹은 벙어리가 됩니다. 우리는 이런 말들에 대해 다 회개하고 남에게 덕을 끼치는 말을 해야 합니다. 날마다 "하나님 아버지, 제가 남을 격려하며 살기 원합니다. 칭찬하며 살기 원합니다. 남을 세워 주는 역할을 하기를 원합니다."라고 기도하시기 바랍니다.

아무리 못나고 허물이 커 보이는 사람도 끌어내리지 말고

세워 주어야 됩니다. 계속 격려해 주어야 합니다. 자꾸 잘한다고 칭찬해 주어야 합니다. 그래야 더 열심히 일하고 더 열심히 충성하고 더 열심히 하나님 나라를 위해서 충성할 수 있게 되는 것입니다. 이렇게 우리는 소금 같은 말을 할 줄 아는 사람이 되어서 정말 인생에 아름다운 맛을 내야 할 것입니다.

에베소서 4장 29절도 다음과 같이 말씀합니다.

"무릇 더러운 말은 너희 입밖에도 내지 말고 오직 덕을 세우는 데 소용되는 대로 선한 말을 하여 듣는 자들에게 은혜를 끼치게 하라".

바울 사도는 나의 말을 듣는 자들에게 은혜를 끼치라고 말했습니다. 그런 면에서 생각해 보면 우리나라 영화를 만드는 사람들은 반성해야 합니다. 욕이 없으면 영화를 못 만들 정도로 영화에 욕설이 난무합니다. 우리 청소년들이 그런 영화를 보고 욕을 먼저 배우는 것입니다. 학교에서 가르쳐 준 적이 없는데 아이들은 욕을 알고 있습니다. 안 배워도 어떻게 그렇게 잘하는지 모르겠습니다. 그래서 어디서 그런 말을 배웠냐고 물어 보면 "친구들이 다 쓰고 있어요."라고 합니다. 우리 그리스도인들부터 거룩하고 아름다운 말을 써서 은혜를 끼치고 우리 자녀들을 잘 가르쳐야 합니다.

특별히 구역장님, 지역장님, 그리고 공동체 리더들의 언어가 바뀌어야 합니다. 그래서 대표기도 할 때도 늘 긍정적인 언어를 사용해야 합니다. 제가 아는 어떤 분은 지방에 있는 어느 교회에 가서 예배드리는데 대표기도 하는 분이 "주여! 교회에 문제가 많사오니……"라고 기도를 하더랍니다. 아마 그 교회에 처음 가는 사람은 '이 교회는 문제 많은 교회구나. 다시 오면 안 되겠다.'라고 생각했을 것입니다. 왜 하필이면 문제가 많다고 기도합니까? 문제 없는 교회가 어디 있습니까? 다 크고 작은 문제가 있는 법입니다. 그런 기도 대신 "하나님 아버지, 날마다 교회를 부흥시켜 주심을 감사합니다. 날마다 좋은 일이 일어남을 감사합니다."라고 기도하면 얼마나 아름답고 은혜가 되겠습니까? 그러므로 우리는 항상 긍정적인 기도를 해야 합니다.

또 어떤 분은 대표기도 할 때 "주여! 빈 자리가 많사오니……"라고 기도합니다. 빈 자리가 많다고 하면 그 기도를 듣는 성도들이 얼마나 힘이 빠지겠습니까? 행여 한두 사람밖에 안 왔다고 하더라도 "이렇게 많은 분들이 와서 예배드림을 감사합니다."라고 기도해야 합니다.

기도할 때는 항상 긍정적인 말을 사용해서 기도해야 합니

다. 만약에 "주여, 병든 자가 많사오니……" 이렇게 기도하면 다 병든 사람 같아 보이는 것입니다. 늘 감사하면서 긍정적으로 "하나님, 은혜 주서서 감사합니다. 건강 주서서 감사합니다. 축복 주서서 감사합니다. 이렇게 많이 모여 예배드리게 하시니 감사합니다. 기도하게 하시니 감사합니다. 좋은 교회를 주서서 감사합니다. 좋은 목사님을 주서서 감사합니다."라고 기도할 수 있어야 합니다. 돌아보면 감사할 것이 얼마나 많습니까? 내 삶 가운데 감사할 거리를 찾아서 "감사할 수 있게 하시니 또 감사합니다."라고 기도하시기 바랍니다. 그럴 때 그 입술이 진정 아름다운 입술입니다.

사랑하는 여러분, 우리의 입술의 고백이 우리의 삶을 바꾸어 놓는다는 것을 반드시 기억해야 합니다. 그러므로 날마다 긍정적인 생각과 거룩한 꿈과 큰 믿음과 은혜로운 말로 승리하는 삶을 살게 되시기를 주님의 이름으로 축원합니다.

두기고가 내 사정을 다 너희에게 알려 주리니
그는 사랑받는 형제요 신실한 일꾼이요
주 안에서 함께 종이 된 자니라

골 4:7

12

*Jesus Christ,
the hope of glory*

열두 번째 광주리

하나님의 일꾼들

골 4:7-18
COLOSSIANS

두기고가 내 사정을 다 너희에게 알려 주리니 그는 사랑받는 형제요 신실한 일꾼이요 주 안에서 함께 종이 된 자니라 내가 그를 특별히 너희에게 보내는 것은 너희로 우리 사정을 알게 하고 너희 마음을 위로하게 하려 함이라 신실하고 사랑을 받는 형제 오네시모를 함께 보내노니 그는 너희에게서 온 사람이라 그들이 여기 일을 다 너희에게 알려 주리라 나와 함께 갇힌 아리스다고와 바나바의 생질 마가와 (이 마가에 대하여 너희가 명을 받았으매 그가 이르거든 영접하라) 유스도라 하는 예수도 너희에게 문안하느니라 그들은 할례파이나 이들만은 하나님의 나라를 위하여 함께 역사하는 자들이니 이런 사람들이 나의 위로가 되었느니라 그리스도 예수의 종인 너희에게서 온 에바브라가 너희에게 문안하느니라 그가 항상 너희를 위하여 애써 기도하여 너희로 하나님의 모든 뜻 가운데서 완전하고 확신 있게 서기를 구하나니 그가 너희와 라오디게아에 있는 자들과 히에라볼리에 있는 자들을 위하여 많이 수고하는 것을 내가 증언하노라 사랑을 받는 의사 누가와 또 데마가 너희에게 문안하느니라 라오디게아에 있는 형제들과 눔바와 그 여자의 집에 있는 교회에 문안하고 이 편지를 너희에게서 읽은 후에 라오디게아인의 교회에서도 읽게 하고 또 라오디게아로부터 오는 편지를 너희도 읽으라 아킵보에게 이르기를 주 안에서 받은 직분을 삼가 이루라고 하라 나 바울은 친필로 문안하노니 내가 매인 것을 생각하라 은혜가 너희에게 있을지어다

우리가 어떻게 살아야 단 한 번뿐인 인생을 가장 의미 있고 보람 있고 행복하게 살 수 있을까요? 골로새서 마지막 결론 부분에 나오는 하나님의 여러 일꾼들을 보면 그 답을 찾을 수 있습니다. 즉, '하나님의 인정을 받는 일꾼'이 될 때 우리는 후회 없고 영광스러운 인생을 살 수 있습니다.

만일 우리가 사도 바울 시대에 살았다면 성경책에 이름이 올라갈 만큼 하나님을 감동시키고 주의 종의 마음에 늘 기억되는 일꾼이 되기를 원합니다. 그러한 삶이 되도록 주님 앞에서 최선을 다하십시오. 헛되고 무의미하게 시간을 보내지 마십시오. 날마다 새롭게 변화되고 날마다 믿음이 자라나고 날마다 하나님께 영광 돌리고 많은 사람들에게 사랑의 감화력을 끼쳐서, 우리의 이름이 성경책에 기록될 만큼 주님 앞에 인정받는 일꾼이 되기를 원합니다.

1. 하나님의 일꾼들

본문에 나타난 하나님의 일꾼들이 누구이며 또한 이들이 어떻게 하나님 앞에 인정받았는지 살펴보고자 합니다.
첫째, '두기고'입니다.

> "두기고가 내 사정을 다 너희에게 알려 주리니 그는 사랑받는 형제요 신실한 일꾼이요 주 안에서 함께 종이 된 자니라"

(골 4:7)

두기고는 골로새 교회에 편지를 전달해 준 사람입니다. 그는 에베소에서 사도 바울의 설교를 듣고 은혜를 받았습니다. 이후 그는 평생 동안 사도 바울 곁을 떠나지 않았습니다. 마지막 임종 때까지 사도 바울 곁에서 그를 도와 하나님의 일을 했

던 사람입니다.

진짜 사랑하는 사람은 곁을 떠나지 않는 사람입니다.

한 청년이 여자친구에게 사랑을 고백했습니다.

"어떤 일이 있어도 나는 너를 떠나지 않고 너만을 사랑할거야. 내 목숨을 바쳐서라도 너를 위해 살 거야."

이 말에 여자친구는 매우 기뻐하며 감동을 받았습니다.

그때 저 멀리서 험악하게 생긴 불량배 두세 사람이 오는 것이었습니다. 그러자 청년은 "빨리 뛰어! 빨리 뛰어." 하면서 자기가 더 먼저 도망가 버렸습니다. 이윽고 숨이 차도록 뒤따라 온 여자친구가 말했습니다.

"우리, 오늘로 끝이야!"

진짜 사랑하는 사람은 곁을 떠나지 않습니다. 남편이나 아내가 식물인간이 되어 병실에서 10년, 15년 누워 있는데도 옆에서 병 수발하는 배우자들의 순애보는 얼마나 우리 마음을 감동시키는지 모릅니다. 두기고가 그러한 사람이었습니다. 그는 마지막까지 사도 바울의 곁을 지켰습니다.

충현교회 설립자인 김창인 목사님의 설교를 들으면 이창환 전도사님이라는 분의 이야기가 간혹 나옵니다. 그만큼 이 전도사님은 김 목사님의 기억 속에 사라지지 않는 귀한 분이었습니다.

공산당이 북한을 점령했을 때 많은 사람들이 신앙의 자유를 위해 월남을 했습니다. 그때 김 목사님도 이 전도사님에게 월남을 권유했습니다. 하지만 이 전도사님은 오히려 김 목사님에게 월남을 권유했습니다.

"목사님이 오래 살고 건강하셔야 성도를 돌볼 수 있습니다. 또 지금 많은 성도들이 월남을 했습니다. 그러니 목사님이 남쪽에 내려가셔서 목회를 하셔야 합니다."

"아닐세. 나는 나이가 많고 이 전도사는 젊으니 자네가 내려가서 목회하게. 나는 여기서 교회를 지키겠네."

일주일 내내 서로 밀고 당기다가 결국 목사님이 졌습니다.

"저는 총각이고 혼자이지만 목사님은 가족이 있습니다. 또 먼저 내려간 성도들이 다 목사님을 통해 은혜를 받았고 목사님을 기다리고 있습니다. 그러니 목사님이 내려가셔서 월남한 성도들을 잘 돌보셔야 합니다. 저는 나이가 많아 내려가지 못하는 분들을 돌보겠습니다."

그래서 김 목사님이 남한에 오셔서 충현교회를 세워 큰 부흥의 역사를 일으키셨습니다.

이창환 전도사님은 북에 남아서 교회를 지키다가 공산군에

붙잡혀 순교하셨습니다. 공산군이 예수 믿는다는 이유로 전도사님을 추운 겨울날 장독에 집어넣고 물을 부어 얼려 죽게 한 것입니다. 전도사님은 마지막까지 찬송을 부르다가 순교하셨습니다. 그때 전도사님의 순교를 지켜봤던 성도 한 분이 캐나다 캘거리에 살고 있었는데, 김창인 목사님이 미국에 부흥회 오셨을 때 목사님을 초청해 이 이야기를 들려주었다고 합니다. 이창환 전도사님은 교회와 하나님의 영광을 위해 끝까지 자리를 지킨 분이었습니다. 나이 많고 몸이 불편해 월남하지 못한 성도들을 끝까지 돌보다가 순교한 분이었습니다.

본래 형편이 좋을 때에는 친구가 많지만 형편이 어려울 때에는 친구가 거의 없습니다. 그래서 어려울 때 친구가 진짜 친구입니다.

영국의 한 출판사가 '친구'라는 단어의 정의를 공모한 적이 있습니다. 친구에 관한 많은 정의들이 쏟아졌는데, 그 중에 1등으로 뽑힌 정의는 이것이었습니다. '세상의 모든 사람들이 내 곁을 떠날 때, 그때 문을 열고 들어오는 사람'.

우리는 누구나 이런 친구를 원합니다. 그러나 우리의 진짜 친구는 예수님이십니다. 우리 예수님은 세상 사람들이 다 날 떠나도 끝까지 나와 함께하시는 분이십니다. "내 진정 사모하는 친구가 되시는 구주 예수님은 아름다워라……온 세상 날 버려도 주 예수 안 버려 끝까지 나를 돌아보시니"(찬송가 88장).

우리도 예수님처럼, 두기고처럼 '끝까지 함께하는 자'가 되어야 합니다. 끝까지 교회와 함께하며 교회를 위해 눈물로 기도하는 자가 되어야 합니다. 우리 교회가 세계 최대의 교회가 된 것 역시 수많은 성도님들이 조용기 목사님과 교회를 뜨겁게 사랑하고 눈물로 기도하면서 끝까지 섬겼기 때문입니다. 많은 성도들이 조 목사님의 제2기 사역인 (재)사랑과행복나눔의 사랑 실천 운동에도 열심히 동참하고 있습니다. 끝까지 함께하는 모습이 얼마나 아름다운지 모릅니다.

또한 두기고는 하나님과 사람 앞에 '사랑받는 사람'이었습니다. "그는 사랑받는 형제요"(7절). 우리 역시 하나님과 사람 앞에서 사랑받는 자가 되어야 합니다. "인자와 진리가 네게서 떠나지 말게 하고 그것을 네 목에 매며 네 마음판에 새기라 그리하면 네가 하나님과 사람 앞에서 은총과 귀중히 여김을 받으리라"(잠 3:3-4)는 말씀처럼, 하나님과 사람 앞에 사랑과 은총과 귀중히 여김을 받는 자가 되어야 합니다.

두기고는 '신실한 일꾼'이었습니다. '신실하다'는 것은 '믿을 만하다, 진실하다, 최선을 다하고 충성스럽다'는 의미입니

다. 이처럼 우리도 신실한 사람, 믿을 만한 사람이 되어야 합니다. 말은 믿을 만하게 하는데 행동은 그렇지 않은 사람들이 있습니다. 예수 믿는 사람들은 말과 행동이 똑같아야 됩니다. 진실해야 합니다.

에베소서 6장 21절과 22절에도 두기고에 대한 바울의 설명이 나옵니다. "나의 사정 곧 내가 무엇을 하는지 너희에게도 알리려 하노니 사랑을 받은 형제요 주 안에서 진실한 일꾼인 두기고가 모든 일을 너희에게 알리리라 우리 사정을 알리고 또 너희 마음을 위로하기 위하여 내가 특별히 그를 너희에게 보내었노라".

두기고는 바울이 로마 감옥에 갇혀 있을 때 찾아와 바울의 편지 심부름을 했습니다. "이 편지를 에베소 교회에 전달해라."고 하면 에베소 교회에 갖다 주고, "골로새 교회에 전달해라."고 하면 골로새 교회에 갖다 주었습니다. 그 당시 비행기가 있습니까? 기차가 있습니까? 운송 수단이라고 해 봐야 말이나 배 정도였을 것입니다. 그래도 그는 두말하지 않고 그 먼 길을 갔다 왔습니다. 참으로 귀한 분입니다.

둘째, '오네시모'입니다.

"신실하고 사랑을 받는 형제 오네시모를 함께 보내노니 그

는 너희에게서 온 사람이라 그들이 여기 일을 다 너희에게 알려 주리라"〔골 4:9〕

오네시모는 빌레몬의 집에 있던 노예였습니다. 그는 주인인 빌레몬의 돈을 훔쳐 도망갔습니다. 그 당시 노예가 주인의 소유를 훔치다 잡히면 사형이었습니다. 그래서 그는 멀리 도망을 가다가 사도 바울이 있는 로마까지 왔습니다. 바울은 로마 시민권자였기 때문에 재판이 확정되기 전까지는 비교적 자유로웠습니다. 쇠사슬에 묶여 감옥에 갇혀 있는 것이 아니라 요즘으로 말하자면 가택 연금을 당한 정도였습니다. 그래서 그는 일정한 장소에서 사람들을 마음대로 만날 수 있었고 편지도 주고받을 수 있었습니다. 이렇게 많은 사람을 만나는 와중에 그는 오네시모를 만나 복음을 전하게 되었습니다. 오네시모는 사울을 통해 예수 믿고 변화되었습니다. 도둑이 변하여 하나님께 인정받는 일꾼이 된 것입니다. 우리도 마찬가지입니다. 예수 믿기 전에는 도둑과 같은 자였습니다. 죄 중에 태어나 죄 가운데 살던 자였습니다. 그런데 예수 믿고 이렇게 변화된 것입니다.

오네시모가 변화를 받자 사도 바울을 잘 돕는 '신실하고 사랑받는 일꾼'이 되었습니다. 그래서 바울은 골로새 교회에 두

기고를 보낼 때 오네시모도 함께 보냈습니다. 그리고 빌레몬에게 "오네시모가 변화되어 하나님 앞에서 귀하게 쓰임 받는 자가 되었다. 그를 용서하고 받아줘라. 오네시모가 훔쳐간 돈이 있으면 내가 대신 갚아 주겠다. 그러니 그를 받아줘라."고 편지를 썼습니다. 이 편지가 바로 빌레몬서입니다. **"갇힌 중에 낳은 아들 오네시모를 위하여 네게 간구하노라"**(몬 1:10)라는 구절을 통해 우리는 오네시모가 로마에서 사도 바울을 만나 변화되었다는 사실을 알 수 있습니다.

셋째, '아리스다고'와 '마가'입니다.

> "나와 함께 갇힌 아리스다고와 바나바의 생질 마가와 (이 마가에 대하여 너희가 명을 받았으매 그가 이르거든 영접하라)"
>
> (골 4:10)

아리스다고는 헬라파 유대인입니다. 그는 사도 바울의 제2차 선교 여행 때 데살로니가 지역에서 예수를 믿게 되었습니다. 사도행전 19장 29절을 보면 에베소에서 소동이 일어났을 때 그가 바울과 함께 다닌다는 이유로 연극장에 갇혔다는 기록이 있습니다. 본문에서도 '함께 갇힌'이라는 표현을 쓴 것을 보면 그가 사도 바울을 계속 따라다니며 사역을 하다가 함께 갇힌 것으로 보입니다.

마가는 바나바의 조카입니다. 오순절 성령의 역사가 있었던 다락방이 바로 마가의 집에 있던 다락방입니다. 또한 베드로가 천사의 도움으로 감옥에서 나와서 문을 두드렸던 집도 마가의 집이었습니다. 그의 집은 성도들의 예배 장소이자 예루살렘 교회가 태동한 장소였습니다.

바나바는 조카 마가를 끔찍이 챙겼습니다. 그런데 마가가 처음에는 철이 없었던 것 같습니다. 그는 바울과 바나바의 1차 선교 여행을 따라오다가 밤빌리아에 도착했을 때 힘들다고 가버렸습니다. 요즘 말로 하자면 "해외여행 한다고 해서 좋은 구경 할 줄 알고 따라왔더니 밤낮 고생만 하고 가는 곳마다 욕만 먹잖아요. 정말 못 가겠어요."라며 돌아간 것입니다.

그래서 바울은 2차 선교 여행 때에는 마가를 데려가지 않겠다고 말했습니다. 피는 물보다 진한지 바나바는 조카를 두둔했고 이로 인해 두 사람은 다투게 되었습니다. 성경을 보면 "서로 **심히 다투어 피차 갈라서니**"(행 15:39)라고 합니다. 바나바는 과거 교회의 대적자였던 바울을 발굴하여 세워 줄 정도로 그릇이 큰 종이었습니다. 그런데 조카 때문에 싸운 것입니다. 이후 바나

바와 바울은 헤어졌습니다. 바나바는 마가를 데리고 구브로로 가고 바울은 실라를 데리고 소아시아로 떠났습니다. 그래서 그 뒤로 바나바의 이름이 사도행전에서 사라지게 되었습니다.

주님의 일을 할 때 절대 나뉘면 안 됩니다. 나뉘는 일이 있을 때 하나님의 은혜가 떠납니다. 그러므로 하나가 되어야 합니다. 교회의 모든 구역, 기관, 제직, 성도들이 손에 손을 마주 잡고 하나가 되어 주님을 섬겨야 합니다.

그런데 이 마가가 나중에는 철이 들었습니다. 변화를 받았습니다. 그래서 바울 옆에서 바울을 수종하면서 자리를 지켰습니다. 한때는 바울의 속을 썩였지만 변화 받아 귀한 일꾼이 된 것입니다. 뿐만 아니라 그는 바울이 죽은 후 베드로를 도와 동역자로 일했으며, 베드로로부터 들은 이야기를 토대로 마가복음을 기록하였습니다.

우리도 신앙이 깊지 못하고 믿음이 굳건하지 못해서 때로 실수할 수도 있고 주의 종의 마음을 아프게 할 수도 있습니다. 하지만 빨리 회개하고 돌아서면 마가처럼 열심을 회복할 수 있습니다. 혹 마가처럼 살짝 뒤돌아갔던 분들은 빨리 돌아서시기 바랍니다. 왜냐하면 성경을 보면 마지막이 잘된 사람이 있는가 하면 마지막이 잘못된 사람이 있기 때문입니다. 마지막에 다시 돌아온 사람이 있는가 하면 마지막에 세상으로 간 사람이 있습니다. 마가는 마지막이 잘된 사람입니다. 그러므로 여러분들이 혹시 실수하고 잘못되어도 빨리 돌아오면 됩니다. 빨리 돌아와서 남은 삶을 주님께 온전히 드리시면 되는 것입니다.

반면 데마는 마지막이 잘못된 사람입니다(딤후 4:10). 다 잘해 놓고 마지막에 잘못되면 무슨 의미가 있습니까? 100m 달리기에서 열심히 1등으로 뛰다가 마지막 10cm 남겨 놓고 넘어지면 다른 사람이 1등을 하는 것입니다. 그러므로 끝까지 가야 합니다. 마지막까지 최선을 다해야 합니다. 하늘나라 갈 때까지 우리의 충성은 계속되어야 합니다. 절대로 옆에 뭐가 있나 기웃거리면 안 됩니다. 우리의 믿음은 계속 자라야 합니다. 이와 같이 계속 자라고 또 자라서 하나님 앞에 설 때 큰 믿음의 거인으로 서게 되시기를 바랍니다.

넷째, '유스도'입니다.

"유스도라 하는 예수도 너희에게 문안하느니라 그들은 할례파이나 이들만은 하나님의 나라를 위하여 함께 역사하는 자들이니 이런 사람들이 나의 위로가 되었느니라"(골 4:11)

유스도는 감옥에 갇힌 사도 바울을 도왔던 사람입니다. 사도 바울은 '그들', 즉 아리스다고와 마가와 유스도를 '할례파'라고 말했습니다. 이것을 볼 때 유스도는 일찍이 할례를 받은 유대인이었으나 나중에 그리스도인으로 개종한 사람이라는 것을 알 수 있습니다.

당시 초대 교회 안에는 예수님을 믿어도 선민의 표시인 할례를 받아야 구원을 받을 수 있다고 주장하는 할례파, 즉 유대 율법주의자들이 있었습니다. 그래서 이들은 교회를 어지럽히고 사도 바울을 공격했습니다.

교회에도 율법주의자처럼 자꾸 원칙을 따지는 사람이 있습니다. 이들은 회의 시간마다 "법이요! 법이요!" 하며 법대로 해야 한다고 주장합니다. 하지만 이런 사람들을 보면 회의할 때만 법을 따지지 회의 끝나고 나면 법과 별로 상관없는 생활을 하는 경우가 많습니다.

하지만 유스도와 아리스다고와 마가는 이러한 유대 율법주의자들과는 달랐습니다. 그들은 '행위가 아니라 믿음으로 구원을 받는다'고 주장한 사도 바울을 도와 끝까지 복음을 위해 수고했습니다. 사도 바울은 이들을 힘입어 동족 유대인으로부터의 박해도 이기고 위로를 얻을 수 있었습니다. 그렇기 때문에 그는 이들에 대해 '하나님 나라를 위해 역사하는 자요, 자신의 위로가 되는 사람들'이라고 소개한 것입니다.

다섯째, '에바브라'입니다.

"그리스도 예수의 종인 너희에게서 온 에바브라가 너희에게 문안하느니라 그가 항상 너희를 위하여 애써 기도하여 너희로 하나님의 모든 뜻 가운데서 완전하고 확신 있게 서기를 구하나니"(골 4:12)

에바브라는 골로새 교회를 개척한 개척자입니다. 그는 '예수 그리스도의 종'이요, '기도의 사람'이었습니다.

주의 종이 갖춰야 될 덕목 가운데 가장 중요한 것이 '기도'입니다. 주의 종은 '기도의 종'이 되어야 합니다. 아무리 많은 노력을 하고 아무리 좋은 프로그램을 갖고 있어도 기도가 뒷받침되지 않고 성령께서 역사하시지 않으면 교회가 부흥하지 않습니다.

얼마 전 우리 교회에서 설교하신 이병희 목사님은 감리교 목사님으로 미국에서 공부를 많이 하신 분입니다. 그러다 보니 미국에서 목회하실 때도 지식적으로 수준 높은 목회를 하려고

하셨습니다. 하지만 목회가 잘되지 않았고 교회도 부흥하지 않았습니다. 그 뒤 목사님은 주일 예배가 끝나면 바람같이 사라지셨습니다. 알고 보니 테니스 동호회 회원들과 테니스 치러 가시는 것이었습니다. 목사님은 목회보다 테니스 치는 것이 더 재미있었습니다.

그런데 어느 날 교회 성도들 중 기도하는 몇 분들이 목사님을 찾아와 간청했습니다. "목사님, 아주 신령한 종이 있으니 그 종을 꼭 한번 모셔 봐요." 목사님은 부흥회를 하는 것이 못마땅하지만 성도들이 원하기에 허락했습니다. 그래서 그 교회에 초청받아 오신 분이 최자실 목사님이었습니다.

최자실 목사님이 오신다고 하니 목사님과 제직들은 음식을 잔뜩 차려 놓고 기다렸습니다. 하지만 최 목사님은 "금식하겠습니다."고 하시며 방으로 들어가셨습니다. 그러자 그 자리에 남은 목사님과 제직들은 "강사님께서 안 잡수시면 우리끼리라도 잘 먹읍시다."며 배불리 실컷 먹었습니다. 이윽고 부흥회가 시작되었고 최 목사님은 이 목사님에게 안수를 하셨습니다. 그러자 목사님은 성령의 불을 받고 완전히 깨지셨습니다. 그날부터 목사님은 성령 운동을 하셔서 휴스턴에 있는 그 교회가 크게 부흥했습니다. 또 LA에 와서 미국 최대의 한인 교회를 목회하셨습니다. 은퇴한 지 10년이 넘었는데도 얼마나 건강하신지 지금도 온 세계를 다니면서 복음을 전하고 계십니다. 주의 종이 성령 받고 기도하니 하나님께서 역사하신 것입니다.

그러므로 교회 일꾼으로 부름 받은 분들에게 꼭 필요한 것이 기도와 성령 충만입니다. 기도하되 말씀을 붙잡고 기도해야 성령 충만이 다가옵니다. 이와 같이 말씀을 붙잡고 기도하여 성령의 역사가 나타나는 기도의 사람, 성령의 사람이 되시기를 바랍니다.

여섯째, '여러 교회와 성도'입니다.

"그가 너희와 라오디게아에 있는 자들과 히에라볼리에 있는 자들을 위하여 많이 수고하는 것을 내가 증언하노라"(골 4:13)
"라오디게아에 있는 형제들과 눔바와 그 여자의 집에 있는 교회에 문안하고 이 편지를 너희에게서 읽은 후에 라오디게아인의 교회에서도 읽게 하고 또 라오디게아로부터 오는 편지를 너희도 읽으라"(골 4:15-16)

골로새와 라오디게아와 히에라볼리는 소아시아 남서부 지역인 리쿠스(Lycus) 강변의 골짜기에 위치한 3대 도시입니다.

에바브라는 이웃 도시인 라오디게아와 히에라볼리에 가서 복음을 열심히 전했습니다. 라오디게아에 교회가 세워질 때 '눔바'라는 여 성도는 자기 집을 교회의 처소로 내놓았습니다. 사도 바울은 이러한 눔바의 헌신을 귀히 보고 그녀에게 안부를 전했습니다.

또한 바울은 골로새 교회에 보내는 이 편지를 라오디게아에 있는 성도들에게도 보내 그들도 함께 은혜 받기를 원했습니다. 아울러 라오디게아로 보내진 편지도 서로 함께 돌려 보도록 권면했습니다.

일곱째, '누가'와 '데마'입니다.

> "사랑을 받는 의사 누가와 또 데마가 너희에게 문안하느니라"(골 4:14)

누가는 회심한 이방인이었습니다. 그는 사도 바울을 따라다니면서 그가 하는 일을 열심히 기록했습니다. 이것이 '사도행전'입니다. 또한 누가는 누가복음도 기록했습니다. 한편 누가는 의사로서 사도 바울과 그의 동역자들의 건강을 보살핀 주치의 역할도 했습니다. 그러므로 바울은 그에 대해 '사랑을 받는 의사 누가'라고 표현한 것입니다.

데마는 사도 바울이 이 서신을 기록할 당시 사도 바울을 돕던 훌륭한 사역자였습니다. 하지만 사도 바울 곁을 끝까지 지키지 못했습니다. 사도 바울은 나중에 "데마는 이 세상을 사랑하여 나를 버리고 데살로니가로 갔고"(딤후 4:10)라고 말했습니다. "데마가 마지막까지 내 곁을 지키느니라."고 기록되어야 하는데 "데마는 이 세상을 사랑하여 나를 버리고 세상으로 갔다."고 기록된 것입니다. 성경책에 이왕 이름이 기록되려면 좋게 기록되어야 하는데 참으로 안타까운 일입니다. 우리는 마가처럼 회개하고 돌아올지언정 데마처럼 다시 세상으로 가지 말아야 합니다.

여덟째, '아킵보' 입니다.

"아킵보에게 이르기를 주 안에서 받은 직분을 삼가 이루라고 하라"(골 4:17)

아킵보는 에바브라의 후임자로서 골로새 교회를 목회하고 있었습니다. 그러므로 '주 안에서 받은 직분'이란 '골로새 교회의 후임 목사로서의 직분'을 말합니다. 사도 바울은 아킵보

에게 "골로새 교회를 잘 목회하도록 후임 목사로 직분을 받았으니 주의하고 최선을 다하여 목회를 잘 하도록 해라."고 권면했습니다.

2. 축복 기도

여러 동역자들에 대한 소개와 그들의 안부를 전한 후 바울은 축복 기도로서 편지의 결론을 내리고 있습니다.

"나 바울은 친필로 문안하노니 내가 매인 것을 생각하라 은혜가 너희에게 있을지어다"(골 4:18)

바울은 서신을 쓸 때 다른 사람을 통해 대필을 했지만 마지막 문안 인사는 친필로 손수 썼습니다. 이는 당시 바울 사도와 같이 권위 있는 사도들의 이름을 빙자한 위조 서신을 방지하고 자신의 편지임을 입증하기 위해서였습니다. 동시에 성도들을 향한 그의 사랑을 표현하기 위해 친필로 마지막 인사를 기록하였습니다.

사도 바울은 "내가 매인 것을 생각하라."고 말하면서 골로새 성도에게 자신을 위해 기도해 줄 것을 부탁했습니다. 아울러 복음을 위해 고난을 감수하는 자신의 모습이 그들에게 큰 용기와 도전이 되기를 원했습니다.

끝으로 바울은 하나님의 은혜가 골로새 성도들에게 있기를 축복하였습니다. 골로새서 서두에도 하나님의 은혜가 그들에게 있기를 기원한 바울은 마지막 인사에서도 하나님의 은혜에 대해 언급하고 있습니다. 이는 우리가 오직 은혜로만 산다는 것을 말해 줍니다.

사랑하는 여러분, 우리의 삶이 은혜로 시작하여 은혜로 마치게 되기를 원합니다. 그리하여 성경책에 이름이 기록될 만큼, 성경책에 이름이 기록된 하나님의 일꾼들만큼, 단 한 번뿐인 인생을 하나님 앞에 인정받고 하나님을 감동시키며 살기 원합니다. 여러분들을 통해 오직 하나님만이 영광 받으시고 영광의 소망 되신 예수님만이 높아지시기를 축원합니다.

이 비밀은 만세와 만대로부터 감추어졌던 것인데

이제는 그의 성도들에게 나타났고

하나님이 그들로 하여금 이 비밀의 영광이 이방인 가운데

얼마나 풍성한지를 알게 하려 하심이라

이 비밀은 너희 안에 계신 그리스도시니 곧 영광의 소망이니라

골 1:26-27